Thomas Weiß

Wäre da doch jemand, der mich hört!

Wege durch Zeiten des Leids

Unseren Eltern zum Gedächtnis

ecclesia dell'arte

Inhalt

Sagt Ja Sagt Nein
Getanzt Muess Sein

(Motto des Füssener Totentanzes,
St. Anna-Kirche 1602)

1

Auch ohne ihn.
Der abwesende Gott

Rede des ev. Pfarrers

(lacht:)

Ach, wissen Sie,
auch ohne ihn
haben wir viel zu tun.
Manche in der Gemeinde
haben ihn schon vergessen.
Anderen fehlt er. Sehr.
War es besser mit ihm?
Der Trost drang tiefer,
und die Scham darüber,
geboren zu sein,
ließ sich leichter
verbergen.

(Michael Krüger)

Und – fehlt er Ihnen?

Ich finde diese Frage nicht leicht zu beantworten. Natürlich fehlt mir einer, der mir die Welt erklären kann, der am Ende alles zum Guten wendet, auf den ich mich verlassen kann, wenn der Atem knapp wird und mir die Luft ausgeht. Es ließe sich leichter leben so. Wenngleich den Verlegenheiten, die das Leben bereithält – Michael Krüger spricht von der Sehnsucht nach Trost und von der Scham, überhaupt da zu sein –, nicht abgeholfen wird. Ob er da ist oder nicht. Gott federt das ab, macht es erträglicher, aber dass mein Leben unvollkommen, gebrochen, gezeichnet und gefährdet ist, daran ändert sein erhofftes, gefühltes oder postuliertes Dasein nichts. Es lässt sich nur leichter überspielen: Ich finde Worte dafür in alten Gebeten oder neuen Liedern. Mir tun sich Räume der Stille auf, in denen ich mich beruhigen kann. Ich habe einen, den ich anrufen oder anschreien kann, wenn mir nach Klagen und Rechten ist. Das ist nicht wenig. Doch ist es schon alles?

Fehlt er mir, weil ich es gerne erträglicher hätte? Damit meine schmerzliche Sehnsucht einen Ort hat, wohin sie sich wenden kann? Damit ich mir meine Fragen nicht alle selbst beantworten muss? Damit Antworten von einer Autorität kommen, die nicht ständig in Frage steht?

Anderen fehlt er, weiß das Gedicht. Zu denen gehöre ich wohl, auch wenn ich mir der Gründe meiner Mangelerfahrung nicht sicher bin. Es könnte sein, dass er mir fehlt, weil ich einen Gott brauche, weil ich – im Bild gesprochen – ohne die göttliche Krücke nicht gehen kann. Weil mir ein Gott sehr recht wäre. Einer, der mir dies und das abnimmt, für das ich zu kraftlos und mutlos – oder zu unmotiviert und faul – bin. Einer, der mich kennt und aushält. Ein Gott, der den Horizont weitet, so dass ich nicht allein auf die Weite meiner Erkenntnis (die nicht sehr weit ist) und die Grenzen meiner Angst (die eng sind) gewiesen bin. Ein Gott, der für eine Zukunft der Menschen und der Welt steht, an die zu glauben mir kaum noch möglich ist. Er braucht keinen besonderen Namen und keine Titel haben, keine besondere Persönlichkeit auch, dieser Gott. Wichtig ist, dass er mir aufhilft, dass er mir nützt. Solch einen Gott kann ich brauchen. Da bin ich gewiss nicht der oder die Einzige.

Max (natürlich hieß er nicht wirklich so) habe ich während meiner dritten Chemotherapie-Woche kennengelernt. Er lag neben mir, an deutlich mehr Messgeräten und Perfusoren angeschlossen als ich – er war schon da, als ich neu in das Dreibettzimmer kam. Oft habe ich nur seine Nasenspitze und seine Stirn gesehen, der schmale, kleine Mann lag meist in den Decken und Kissen verborgen. Aber wir sprachen ab und an miteinander, wie es der Mensch, der einem Leidensgenossen begegnet, eben tut, aus Höflichkeit und einem kleinen bisschen Neugierde – und um vielleicht etwas zu hören, eine Geschichte, eine Erfahrung, ein Detail, das Mut machen könnte. Max war vor seiner Erkrankung Fotograf, ich denke: ein guter, mit künstlerischem Anspruch. Als er erfuhr, dass ich Theologe sei, versicherte er sich, ob ich auch ein »echter« sei, ein Pfarrer nämlich – und richtete sich, als ich bejahte, im Bett etwas auf (was sehr, sehr mühevoll für ihn war und, wie es mir schien, mit Schmerzen verbunden), um mir zu sagen (leise, er sprach immer sehr leise): »Beneidenswert. Wie hilfreich muss das sein, einen Gott zu haben. Das macht's doch irgendwie leichter, wenn du einen hast, zu dem du beten kannst.« Und nach ein paar Sekunden: »Ich kann nicht an Gott glauben – aber manchmal fehlt mir das.«

Wäre da doch jemand, der mich hört. Max konnte das – wie ich damals auch – nur als Wunsch, als Verlangen formulieren. Da fehlte etwas oder eine/r, der oder die nötig gewesen wäre. Viele, die dieses Buch lesen mögen, teilen diese Erfahrung – in bestimmten Zeiten, in Zeiten des Leids, wie es scheint: immer oder wenigstens oft, wenn es darauf ankommt, glänzt Gott durch Abwesenheit. Der Zweifel an ihm, ob es ihn gibt und wenn, ob er hilfreich sein kann oder will, liegt näher als der Glaube daran, dass er aufmerksam ist und die Hände regt.

Ich hatte für Max keine Antwort. Verstanden habe ich ihn wohl, aber zu diesem Zeitpunkt war Gott mir sehr, sehr fern, ich fühlte zwischen meinen eigenen Schmerzen und Ängsten nichts von ihm – und hätte mich doch gern festgehalten; an ihm oder sonst wem. Ich dachte: Ich brauche ihn, aber wenn ich ihn brauche, ist er nicht da, jedenfalls nicht spürbar. Was soll er mir dann? Vielleicht ist etwas falsch an der Idee, Gott würde gebraucht, Gott sei brauchbar? Nicht zu leugnen ist, dass Gott fehlte: Max ganz grundsätzlich, mir zumindest aktuell. Für die einen ist das eine Not, für die anderen nicht der Rede wert.

Manche … / haben ihn schon vergessen – das ist noch freundlich gesagt. Gewiss gibt es die Gleichgültigen, die sich ihren gemütlichen Gott zurechtgemalt haben und nun leben sie mit ihm, als gäbe es ihn nicht, so wie einer mit dem kleinen, nichtssagenden Gemälde in der Wohnzimmerecke lebt, mit den blassen Buchrücken im Bücherregal, die er täglich sieht, aber gar nicht mehr wahrnimmt vor lauter Gewöhnung. Und es gibt die Gottesverächter/innen – seit Friedrich Schleiermacher hervorragende Gesprächspartner und -partnerinnen der theologischen Zunft –, die sich beleidigt fühlen, wenn sie glauben sollen, dass es neben dem Menschen und neben den Menschen noch einen anderen gibt, der denkt und entscheidet und Rat weiß.

Beachtlich und vielleicht am größten aber ist, glaube ich, die Menge der von Gott Enttäuschten. Sie haben sich vertrauensvoll an ihn gewandt – und er hat geschwiegen. Sie haben gefleht, dies und das gelobt, zum Tausch für Hilfe angeboten – er hat nicht reagiert. Sie haben sich mit Gott die Welt erklärt, tiefschürfend und klug, aber sie sind daran gescheitert, dass er die Welt offensichtlich nicht gut genug gemacht hat, sie nicht heilt oder sie ungerührt zugrunde gehen lässt. Gegen alle Verheißungen, auf die sie immer wieder gesetzt haben.

Andere können mit einem Gott, der undemokratisch-königlich regiert, der ein gestreng-autoritärer Vater, ein willkürlicher Herr ist, der ein Opfer – den eigenen Sohn – nötig hat, um besänftigt zu werden, einfach nichts mehr anfangen. Sie haben Gottes Lächeln vergeblich gesucht, seine milde Hand vermisst, den Freund an der Seite nicht erlebt. Solch ein Gott lässt seine empathischen Anteile vermissen, in seiner Menschenebenbildlichkeit – es mag erlaubt sein, die Gottesebenbildlichkeit des Menschen auch in die andere Richtung zu denken – kennt er keine Diversität. Gott fehlt nicht nur, ihm fehlt auch mancherlei, das ihn oder sie mir zum Partner, zur Partnerin meines Lebens machen könnte. Auf Augenhöhe. Aber dazu schwebt oder hockt er viel zu weit oben – in den kirchlich-theologischen Sprachbildern jedenfalls, die für ihn gefunden wurden, wenn vom himmlischen Thron die Rede ist, vom Hirten, vom Allmächtigen.

Sie merken es: Ich rede gar nicht so sehr von Gott selbst als von den Gottesbildern, die Menschen – wir Menschen – uns von ihm gemacht haben und in denen wir täglich leben und sprechen, wenn wir für Gott noch Worte übrighaben, wenn er uns noch der Erwähnung wert ist.

»Von Gott selbst« kann ich gar nicht sprechen. Er ist – wenn er ist – immer weiter, tiefer, größer, kleiner, näher und ferner, als meine Worte ausdrücken können. Sie reichen nicht an ihn heran, sie ergründen ihn nicht, sie füllen ihn nicht aus, sie umschreiben ihn nicht. Menschenworte sind, wie Paulus einmal anmerkt, Stückwerk. Das macht sie nicht wertlos – sie sind das Einzige, was wir haben; und nun zähle ich die Sprache von Musik und Malerei, von Dichtung, Lied und Tanz zu den Menschenworten dazu. Es sind keine armseligen, es sind reiche, bunte, schöpferische Worte und Bilder, die wir benutzen. Aber sie sind eben immer nur dies: Menschenworte und Menschenbilder.

Aus vielen von ihnen, aus altvorderen und althergebrachten, auch aus neuen Versuchen, uns Gott auszumalen, zu erdichten und zu erglauben, hat Gott sich verabschiedet. Viele Gottesbilder sind unnütz geworden, haben sich nicht bewährt, benötigen frische Farben oder eine grundsätzliche Renovation. Von daher stimmt es: *auch ohne ihn / haben wir viel zu tun*. Wenn mir denn von Gott zu reden noch etwas bedeutet, wenn ich ihn für mich noch gelten lassen möchte.

Dieses Buch stellt sich der Aufgabe, »Wege durch Zeiten des Leids« zu versuchen, und – zu eben diesem Zweck – Gottesbilder schonungslos anzusehen und zu prüfen. Schonungslos vor allem dahingehend, dass ich den eigenen Bildern, die mir aus der kirchlichen Tradition und der eigenen Glaubenserfahrung bedeutsam und wichtig sind, nicht mit Nachsicht begegne, und dass ich Gott streng und erwartungsvoll befrage, der sich hinter manchem Wortgebilde und mancher frommen Formel verbirgt. Wer so fragt, nimmt sich aus Sicht der traditionellen Gottesrede Ungebührliches heraus, die oder der benimmt sich frech. Jenseits der Lust, mir das einmal zuzugestehen, lasse ich mir das als Ermahnung durchaus sagen: Nicht, was mir gut passt und einleuchtet, ist schon ein hilfreich-gültiges Gottesbild; wer immer Gott und die Bilder von ihm kritisiert, darf sich nicht selbst zum Maßstab nehmen – so verlockend das ist.

Zugleich kennt die Bibel selbst eine ihr innewohnende Gottesbild-Kritik: Generell und unmissverständlich ausgesprochen im zweiten Gebot: »Du sollst dir kein Bildnis noch irgendein Gleichnis machen …« – und ins Persönliche gewendet in Psalm 27: »Mein Herz hält dir vor dein Wort: ›Ihr sollt mein Antlitz suchen.‹ Darum suche ich auch, Herr, dein Antlitz.« Der Beter des Psalms – er wird David zugeschrieben – fühlt sich von Gott selbst ermutigt, sich auf die Suche zu machen, nach ihm zu fragen. Was das Befragen und In-Frage-Stellen einschließt. In der Vorstellung des Beters wird er als Subjekt seines Glaubens, seiner Gottesrede sichtbar, im Zwiegespräch begegnen sich Gott und David als Partner. Der Liederdichter David sucht. Er ist also nicht von vorneherein festgelegt auf ein

Bild von Gott, auch auf keines, das Gott von sich selbst preisgibt, auf keine Offenbarung oder Setzung, er sucht. Und fühlt sich im Einklang mit einem Auftrag, der von Gott selbst kommt: »Suche, sei nicht zufrieden mit dem, was andere als mein Antlitz beschrieben oder gezeichnet haben, mache deine eigenen Erfahrungen, zeichne dein eigenes Bild.«

Und wenn das gelungen ist, wenn es mir auf der Hand oder auf der Zunge liegt – fange ich wieder von vorne an, beginne ich die Suche neu.

Das ist nicht sehr befriedigend für Menschen, die eindeutige Konturen und Klartext lieben, die für ihr Denken und Glauben Geländer möchten, an denen sie sich festhalten und entlangtasten können. Zu denen gehöre ich bisweilen auch – und ich halte doch dafür, dass wir als Zeitgenossinnen und Zeitgenossen einer Moderne, die nur noch wenig Verlässliches vorhält, immer wieder genötigt sind, unsere Gottesbilder zu überdenken, sie in Frage zu stellen, neu darüber zu entscheiden. Zumal, wenn wir im Gespräch mit denen sind, die keinen Gott brauchen oder sich einem anderen, mit anderem Namen, anderem Antlitz zugehörig fühlen. Auch vor ihnen müssen wir, was uns von Gott her einleuchtet und trägt, verantworten – nicht nur vor Gott, vor der theologischen Tradition, vor Bekenntnis und Dogma, und nicht nur vor uns selbst.

Übrigens ist es eine grundlegende und folgenreiche Erkenntnis eben der theologischen Tradition, dass von Gott nicht »adäquat«, also angemessen und ihm genau entsprechend, gesprochen werden kann – unsere Worte über ihn reichen an ihn selbst nicht heran. Sie sind immer nur Näherungen, Umschreibungen, Vorläufigkeiten. Manche sind tragfähiger als andere, manche bilden lange Wortgeschichten heraus, bis sie von neuen Versuchen, Gott ins Wort und ins Bild zu fassen, abgelöst werden. »Trefflich« – im Sinne von genau – ist keines. Anders gesagt: Gott ist in den Worten über Gott wohl anwesend, aber doch nur zu erspüren, hinter den Worten und zwischen den Zeilen.

Das kann frustrierend sein: Woran soll ich mich halten?

Oder: Ich nehme es als Befreiung wahr, die Befreiung, neue, andere Worte zu wagen, zu versuchen, wie weit sie tragen und ob sie etwas vermitteln, das bisher nicht oder nicht genügend gehört worden ist. Dann wird die Gottesrede gewissermaßen zur Poesie, und die poetische Wortsuche erlaubt sich die Freiheit, jede Aussage über Gott als »offenes Kunstwerk« (Umberto Eco) zu verstehen, das erst rund wird und sinnvoll, wenn die Hörenden ihr eigenes Verhältnis dazu gefunden haben. Wieder klingt durch: Der Einzelne und die Einzelne sind die Subjekte, die Urheber/innen ihres Glaubens, ihnen wird zugemutet, sich zu entscheiden, die eigenen Schritte zu gehen.

Weil es auf diesem Weg aber nie zu eindeutigen Gotteser-kenntnissen kommt, sind die Menschen, die auf der Suche sind und sich Gott angelegen sein lassen, immer aufeinander gewiesen. Sie brauchen das Gespräch, den Dialog, sie sind genötigt, aufeinander zu hören, sich gegenseitig zu befragen und sich befragen zu lassen, Geduld zu üben und sich leidenschaftlich auseinanderzusetzen. Sich auf einen Weg miteinander zu begeben. Mir macht das die Gottessuche höchst lebendig.

Viel zu tun – diese »Sache mit Gott« ist kein einfaches Ding, er ist nicht selbsterklärend, und wer vermeint, begriffen zu haben, sollte mit Misstrauen gehört werden. Lohnt es sich denn, *viel zu tun*? Ist es das (noch) wert, Gott zu suchen, an ihm irgendwie festzuhalten? Eine Antwort lässt sich nur als persönliches Bekenntnis geben. Es gibt keine gesellschaftliche, staatliche oder kirchliche Autorität mehr, die diese Frage für mich beantworten könnte: Religiös zu sein gehört nicht mehr zum guten, bürgerlichen Ton. Staaten bestehen, wenn sie demokratisch sind, auf die Religionsfreiheit (was die Freiheit, keine Religion zu haben, einschließt) und die Kirchen haben sich viel Mühe damit gegeben, unglaubwürdig zu sein, wenn ihre Predigt von Liebe, Heil, Freiheit mit den Realitäten von Macht, Missbrauch und Moralität abgeglichen werden.

Mein ganz persönliches Motiv, an Gott festzuhalten, ist ein Gefühl: Ich sehne mich nach ihm. Das wird noch auszuführen sein, hier nur dieses, dass im Gefühl der Sehnsucht zweierlei zusammenfällt: die Erfahrung der Abwesenheit Gottes und die Gewiesenheit auf Gott. Diese lebendige, oft genug schmerzliche und immer wieder begeisternde, hinreißende Spannung zwischen dem Fehlen Gottes und dem Hingezogen-Sein zu ihm hält mich aufmerksam, lässt mich noch etwas erwarten. Ich gebe mir mit Gott und ich gebe Gott mit mir noch einmal eine Chance, immer wieder noch einmal.

Aber da ich ihn und mich ernst nehme, geht das nur durch Dunkelheiten hindurch. Die »Wege durch Zeiten des Leids«, von denen dieses Buch im Untertitel spricht, sind keine hell erleuchteten Bahnen, keine Alleen, die am frühen Abend noch in der untergehenden Sonne glänzen. Sie liegen bisweilen in konturlosem Nebelgrau oder in tiefschwarzer Nacht – und müssen gewagt werden. Die Lampen sind geizig mit ihrem fahlen Licht und helfen nur spärlich; ich setze meine Schritte vorsichtig und achtsam. Aber: Es gibt sie, diese Wege!

Ob sich mir Wege auftun, das hängt meiner Erfahrung nach von dem ab, was ich (noch) glaube und was ich (schon) bezweifle. Durch mein Leid haben mich beide geführt (und führen mich noch): Glaubenswege und Zweifelswege.

Die meines Glaubens waren holprig, es gab eine Menge Steine, mich daran zu stoßen, und oft genug habe ich die

Orientierung verloren, über die nächste Wegkreuzung nicht hinausgesehen. Auf den Wegen meines Zweifels war die Not unabweisbar, es gab keine einfachen Wegmarken und detailgenauen Wanderkarten – aber ich habe mich selbst auch gespürt. Im Zweifel bin ich präsent. Der Zweifel öffnete mir (und öffnet weiterhin) das Gelände und ermutigte mich, meine eigenen, persönlichen Schritte zu gehen, auf noch nicht ausgetreten Pfaden, über Hängebrücken, die bedenklich schwanken können. Der angeschlagene Glaube, der frech-verzagte Zweifel halfen (und helfen) mir, das Leid zu meinem Leid zu machen – dann ist es kein blindes Schicksal mehr – und meinen Weg darin zu suchen, zu finden, zu beschreiten. Davon will ich schreiben, davon erzähle ich.

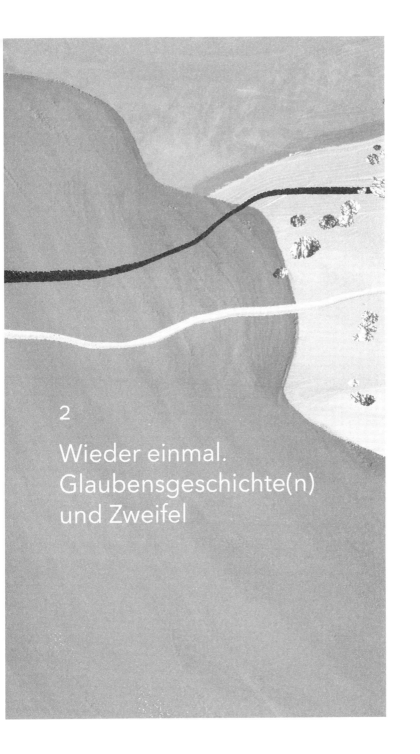

2

Wieder einmal.
Glaubensgeschichte(n)
und Zweifel

Einsicht

Wir schwiegen
wieder einmal
über Gott und die Welt.

Gott können wir
sowieso nicht ändern.

(Axel Kutsch)

Es scheint, vorderhand und auf den ersten Blick, angebracht zu sein, zu *schweigen*. Was können wir über Gott schon ernsthaft sagen? Natürlich: Wir haben lange Traditionen der Gottesrede, nicht nur im Christlichen, die sogenannten »theistischen« Religionen, die einen Gott oder mehrere Götter und Göttinnen bekennen, bieten eine unerschöpfliche Vielfalt an Bildern und Worten von und über Gott, die schier unüberschaubar und schon in der je eigenen Glaubenstradition zuweilen widersprüchlich sind. Aber erreiche ich, erreichen die Religionen mit diesen Worten und Bildern tatsächlich Gott? *Gott können wir / sowieso nicht ändern* – diese offensichtlich ernüchternde Erkenntnis spiegelt die Verlegenheit: An Gott zu rühren, auf Gott Einfluss zu nehmen, Gott zu bewegen, ist uns wohl nicht gegeben. Der evangelische Theologe Rudolf Bultmann (1884-1976) schrieb Mitte der zwanziger Jahre des vergangenen Jahrhunderts in dem viel beachteten Aufsatz »Welchen Sinn hat es, von Gott zu reden?«: »Versteht man unter ›von Gott‹ reden ›über Gott‹ reden, so hat solches Reden überhaupt keinen Sinn; denn in dem Moment, wo es geschieht, hat es seinen Gegenstand, Gott, verloren.« Rudolf Bultmann bestreitet, dass Gott ein »Objekt des Denkens« sein kann, »über das ich mich orientieren kann, wenn ich einen Standpunkt einnehme, von dem aus ich neutral zur Gottesfrage stehe. ... Einen Standpunkt außerhalb Gottes kann es nicht geben.« Gut, meine »atheistischen« Freund/innen würden einwenden, dass sie – da es in ihrer Erfahrung Gott nicht gibt – einen »Standpunkt außerhalb Gottes« durchaus einnähmen. Doch an Bultmanns Feststellungen, die er im Gespräch mit der sogenannten existenzialistischen Philosophie trifft, ist richtig, dass Glaubensaussagen und Glaubenserfahrungen immer von der Geschichte des je einzelnen Menschen geprägt sind, von seiner Geschichte mit Gott. Jede Antwort auf die »Gottesfrage«, sei sie positiv (»Ich bin eine bekennende Christin!«) oder negativ (»Ich habe mit Gott nichts am Hut!«), spricht von den Entdeckungen und Antworten, von der »religiösen Sozialisation« (also von der je eigenen Glaubensgeschichte) des Menschen, der sie formuliert. Dabei muss seine Geschichte gar nicht ausdrücklich mit Gott zu tun haben: Ob ich in meiner Kindheit zärtliche Zuwendung oder abweisende Härte erlebt habe, ob ich mit Vertrauen in das Leben oder in großer Furcht vor seinen Unbilden aufgewachsen bin, ob da Menschen waren, die mich persönliche Freiheit lehrten oder die mich zu bestimmen versuchten – das alles hat Einfluss auf mein Erleben Gottes, mein Reden von ihm, meine Geschichte mit oder ohne ihn.

In meiner persönlichen Glaubensgeschichte habe ich drei schmerzhafte Kränkungen erlebt:

In einem eher unreligiösen Elternhaus aufgewachsen, ging ich mit wenig Eifer in den obligatorischen Konfirmandenunterricht meiner Heimatgemeinde. Der Pfarrer, der sich um uns fünfundvierzig durch die Bank desinteressierte Jugendliche bemühte, tat sein Bestes, uns seine evangelikal-pietistische Frömmigkeit nahezubringen, vergebens. Mich erreichte diese Welt- und Gottessicht aber, als ich kurz nach der Konfirmation in eine pubertäre Krise geriet (Glauben Sie mir, es war in Wahrheit eher lächerlich, aber emotional sehr herausfordernd: Liebeskummer eben!) und in der klar strukturierten frommen Religiosität evangelikaler Prägung Orientierung und Rückhalt fand. Ich »übergab« mein Leben dem »Herrn und Heiland« Jesus Christus. Die von mir erwartete Lebensweise des »wiedergeborenen, echten Christen« forderte mir allerdings auch zu besten Zeiten einiges ab: Ich interessierte mich für Literatur – und da gibt es ja auch das eine oder andere unfromme; ich mochte das Gespräch mit den ganz und gar Unchristlichen im Sportverein (ich war mal ein ganz passabler Volleyballer …) und in der Schule – und mochte mich nicht auf die enge Gemeinschaft der »wahren« Christ/innen zurückziehen; ich las zwar nicht ungern in der Bibel, die ich wegen ihrer poetischen Sprache (Lutherübersetzung!) geradezu aufregend fand – aber die frühmorgendliche tägliche Übung der »Stillen Zeit« (Lesen der Herrnhuter Tageslosung oder anderer biblischer Texte, Meditation, ausführliche Selbstkritik und mindestens so ausführliches Gebet) fiel mir schwer. Aber ich hielt mich daran, wollte ja ein guter Christ sein. Als ich anfing, Theologie zu studieren, begegnete mir eine Menge anderer guter Christ/innen, die keine strenge Moral, kein Korsett an Übungen, keine geistlichen Verrichtungen (wie »Stille Zeit«) brauchten, um – in meinen Augen wenigstens –

glaubwürdige Christ/innen zu sein. Das war sehr irritierend, kränkend auch, weil ich mich fragen musste, ob all die – unfreie und gesetzliche – Mühe ums rechte Glaubensleben umsonst gewesen sei.

Mit dieser Frage behelligte ich meine »Schwestern und Brüder« im heimatlichen Hauskreis; und mit anderen Themen und Entdeckungen, die mir das Theologiestudium in liberaler Atmosphäre ermöglichte. Meine frommen Geschwister reagierten unwirsch, waren konsterniert (und wohl auch ängstlich, ihr eigenes, vielleicht ähnlich mühsam gezimmertes Glaubensgebäude könne Risse bekommen) und ließen mich fallen, schlossen mich aus ihrer Geduld und ihrer Gemeinschaft aus. Zweite, sehr große Kränkung. Eine heilsame Enttäuschung allerdings auch. Bewirkt hat sie, dass ich dem Motiv der »Gemeinschaft«, wenn es um das Miteinander-Leben in Gemeinde und Kirche geht, gewiss nicht den hohen Stellenwert beimesse, den andere ihr geben.

Die dritte Kränkung ist eine bildhaft-theologische. Indem ich nicht immer erfreuliche Erfahrungen mit meinem Vater und in meinem Verhältnis zu ihm gemacht habe (Heute weiß ich, wofür ich ihm dankbar bin, aber das war mir lange verschlossen.), blieb mir die Rede von Gott als »Vater« immer fremd und ist sie bis heute geblieben. Aus meinem liturgischen Sprechen und der Wortwahl in meinen Predigten und Texten habe ich sie ganz verbannt, doch nicht ohne Wehmut. Es mag mir einiges an emotionaler Kraft, die das Bild vom

Vater innehaben kann, verloren gegangen sein; ich vermute das, wenn ich mein eigenes Vater-Sein bedenke.

Dass wir Gott *sowieso nicht ändern* können, mag richtig sein, da unsere Geschichte(n) mit und von Gott ihn immer nur ganz unzulänglich ausdrücken. Er ist uns nicht verfügbar. Aber ich sehe zugleich, dass unsere Rede von Gott, unsere Glaubenswege ganz ausgesprochen veränderbar sind. Axel Kutschs Gedicht lese ich als Aufforderung, wenn schon nicht Gott, so doch wenigstens die *Welt* zu verändern – auch die Welt der Glaubensvorstellungen, der Bekenntnisse, der Gottesrede.

Ein ganz ausgezeichnetes Hilfsmittel dafür ist: der Zweifel.

Mein Glaube – wenn ich von »Glaube« spreche, dann meine ich beiderlei: die persönliche Spiritualität, die mir zugewachsen ist und in die ich hineingewachsen bin, und die große Tradition von Bekenntnissen, theologischen Einsichten und liturgischen Formen, die mir als die christliche, geprägt von den Entscheidungen der Reformation, begegnet ist. Diese hat mich im Studium beschäftigt und vollzieht sich in meiner seelsorglichen, gemeindlichen und pädagogischen Praxis, und jene hat ihre ganz persönlichen Entwicklungen und Brüche, ihre Höhen und Krisenzeiten. Mein Glaube – der war immer schon da, schon bevor ich denken konnte. In Kindergottesdienst und Schule wurden mir Geschichten erzählt, die ich nicht langweilig fand, und biblische Personen vorgestellt, die mir fast vertraute Bekannte geworden sind. Im Oberstufenkurs Religion entdeckte ich Ansätze des wissenschaftlich-theologischen Denkens – mitten in meiner evangelikalen Zeit –, die im Studium vertieft wurden; von der Theologie war und bin ich nachhaltig fasziniert. Später, in der gemeindlichen Praxis, wurde die Theologie in der Erde verwurzelt; in der Bildungsarbeit kam der Eros des Dialogs dazu, des Weiter-Lernens und Offen-Bleibens. Mein Glaube – gebildet aus dem Persönlichen, dem Erlebten und Erlittenen und der Tradition – ist, wenn ich's im Bild sagen will, wie ein großer Bruder. Er war schon vorher da, ist mir vertraut, ohne dass ich ihn täglich neu kennenlernen und bedenken müsste; er gehört zu mir, mal näher, mal ferner, aber ich mache mir nicht fortwährend klar, dass er da ist. Wir sehen uns auch ziemlich ähnlich mit unseren Falten und der hohen Stirn – unverkennbar, dass wir Geschwister sind. Mein Glaube hat, wie ich selbst, seine Schwächen – er ist nicht immer tragfähig genug für die Herausforderungen, die mir begegnen; ihm fehlt bisweilen die Überzeugungskraft; und den Einwänden des guten Menschenverstandes begegnet er manchmal mit Sprachlosigkeit.

Mein Zweifel – es gibt ihn natürlich auch in der Mehrzahl: meine Zweifel, doch in der Summe ist er einer, ein grundsätzlicher, einer, der sich, wie der Glaube, durch mein Leben zieht. Mit meinem Zweifel bin ich befreundet, doch er ist so etwas wie ein fremder oder besser: nie ganz vertrauter Freund. Ich bin ihm dankbar für seine Nähe und seine Distanz. Er weiß, was mich bewegt – und er stellt es zugleich in Frage. Er befragt meine Gottesbilder und fordert mich zu Antworten heraus. Er mutet mir neue Bilder und das Umdenken zu, er will, dass ich nicht stehen bleibe und mich mit dem Gewohnten nicht abfinde, sondern erwartet neue Versuche, auch gewagte. Mein Zweifel ist bisweilen frech und provozierend, manchmal ernst und unnachgiebig – und ab und zu bringt er mich zum Lachen. Das ist sehr befreiend. Und weil ich nicht daran zweifle, sondern fest glaube, dass Gott Humor hat, denke ich, auch der Zweifel müsste ein Gotteskind sein!

Ich habe allen Grund, dem Zweifel dankbar zu sein, weil er mich hartnäckig nicht in Ruhe lässt und nicht ablässt davon, mir die Augen zu öffnen, das Herz zu weiten, aufrecht zu gehen und meine Sinne zu gebrauchen. Doch, er kann mir auch auf die Nerven gehen und immer mal wieder halte ich ihn für brutal und gnadenlos, wenn er mir die hilfreich-vertrauten Wahrheiten nicht zugesteht; aber kompromisslos zu sein ist sein Amt, das will ich ihm nicht verargen.

Der Zweifel stellt in Frage und ermutigt zum Anders-Denken und -Glauben. Er macht für Entdeckungen und neue Erkenntnisse Räume auf. Wenn ich ihm folge – es gehört etwas Mut dazu –, dann tun sich weitere Perspektiven auf, dann entdecke ich andere Bilder, und neue Worte formen sich. Mein Glaube bekommt neue Konturen. Ich begegne ihm nicht mit Angst, doch mit viel Neugierde, enttäuscht hat er mich nie. Übrigens: Ich bin überzeugt, dass mein Glaube und mein Zweifel sich lange schon kennen und sich im Grunde sehr mögen – sie wollen mir, jeder auf seine Weise, guttun und helfen, dass ich mündig Mensch und Christ bin. Und dass ich meine Wege gelassen und getrost gehe. Dafür schätzen sie einander (und ich sie geradeso). Es kommt vor, dass sie einander umarmen, freundschaftlich, trotz ihrer Unterschiede und Gegensätze, wie nur echte Freunde das können. Dann kann ich sie kaum auseinanderhalten.

In diesem Buch kommen sie ins Gespräch.

3

Du musst etwas sagen.
Der schweigsame Gott

»Nun, du kannst leicht beten. Diese Christen erdulden unerträgliche Schmerzen, Schmerzen, die du dir nicht einmal vorstellen kannst. Seit gestern. Vorhin. Und auch jetzt. Warum müssen sie so leiden? Du aber unternimmst nichts. Und auch dein Gott tut nichts dagegen!«

Der Priester schüttelte den Kopf, als ob er den Verstand verloren hätte, und steckte die Finger in seine Ohren. Aber erbarmungslos drangen Ferreiras Stimme und das Stöhnen an seine Ohren. Hör auf! Hör auf! O Herr. Jetzt müsstest du dein Schweigen brechen. Du darfst nicht länger schweigen. Du muss etwas sagen, um zu beweisen, dass du Wahrheit bist und das Gute bist, dass du die Liebe bist. Du musst etwas sagen, um der Welt und den Menschen zu zeigen, dass du tatsächlich existierst.

(Shūsaku Endō, Schweigen)

Es ist doch das Fürchterlichste, das Unmenschlichste, was Gott tun kann: schweigen. Unvorstellbar viele Gebete sind im Lauf der Jahrtausende an ihn gerichtet worden. An Kreuzen, auf Scheiterhaufen, in Konzentrationslagern, von Hungrigen, Durstigen, Zerschlagenen, verletzt, verzweifelt, verloren ist nach ihm und zu ihm gerufen, gefleht und geschrien worden, auf den Knien, mit heiseren Stimmen, mit letzter Kraft. Und vergebens. Gott blieb still, Gott schwieg. Die Erfahrung, die im sogenannten Leidenspsalm Jesu, dem 22. Psalm, drastisch geschildert wird: »Mein Gott, des Tages rufe ich, doch antwortest du nicht. … Meine Kräfte sind vertrocknet wie eine Scherbe und meine Zunge klebt mir am Gaumen.« – diese Erfahrung hat der Gekreuzigte nicht allein gemacht. Er teilt sie mit Milliarden von Menschen: nach Gott rufen wie ein Verdurstender, aber Gott verweigert die Antwort. Dass Menschen daran scheitern und sich – aus Erfahrung oder intellektueller Redlichkeit – gleich gar nicht mehr an Gott wenden oder seine Existenz ganz verneinen, das ist kein Wunder.

In Shūsaku Endōs Roman »Schweigen« (2016 eindrucksvoll von Martin Scorsese verfilmt) macht sich der Jesuit und Priester Rodrigues im Jahr 1638 nach Japan auf, um den Mitbruder Ferreira zu suchen, von dem das Gerücht geht, er habe seinen Glauben verleugnet. Rodrigues kann das nicht glauben, er geht davon aus, dass Ferreira eher den Märtyrertod gewählt hat, als Gott abzuschwören. Die jesuitische Missionierung Japans begann 1549 mit Francisco de Xavier im Westen Honshus; zunächst wurde das Christentum geduldet, dann setzte eine langwährende Verfolgung ein. In der sogenannten Edo-Zeit (Anfang des 17. Jahrhunderts bis Mitte des 19.) wurden Christinnen und Christen blutig bekämpft; sie wurden als fremde Akteure mit hohem aufrührerischem Potenzial misstrauisch betrachtet. Ihnen drohte, wenn sie nicht abschworen, die Todesstrafe (oft am Kreuz). Um ihre Treue zu den japanischen Religionen und Herrschern zu beweisen und so ihr Leben zu retten, mussten sie sich u.a. dem Ritual des »*fumie*«, des »*Bildertretens*« unterziehen. Auf einem Brett befand sich eine Art Medaille mit der Abbildung eines Kreuzes, eines Christus- oder Marienantlitzes, auf das die, die verdächtigt wurden, dem Christentum anzugehören, treten mussten, um ihre Verachtung für die neue Religion zu beweisen.

Ferreira habe auf das Antlitz Christi getreten, erfährt Rodriguez und wird später selbst gezwungen, es zu tun. Und tut es, als an seiner Statt japanische Mitchristinnen grausam gefoltert werden.

Gott aber schweigt. »Wenn wir in höchsten Nöten sein und wissen nicht, wo aus noch ein« (Evangelisches Gesangbuch, Lied Nr. 366,1) – Gott schweigt.

Ist das nicht grausam, schamlos, zumindest abgrundtief und unanständig gleichgültig? Er, von dem erzählt wird, dass er eingreifen und helfen kann, dass er Wunder tut und die Geschicke der Welt lenkt, er, von dem die Rede geht, seine Macht sei unbeschränkt, er wisse, sehe alles und auch das Haar auf dem Haupt des und der Einzelnen sei ihm nicht verborgen, er, dem Attribute zugeeignet werden wie: Liebe, Gerechtigkeit, Aufmerksamkeit für das Große und Ganze genauso wie für die Kleinen und Geringen – er schweigt. Aus meiner menschlichen Perspektive ist das skandalös. Gott macht sich unglaubwürdig, indem er schweigt. Spricht nicht jedes ungehörte Gebet, jeder Schrei, der antwortlos verhallt, gegen ihn? Und die gab und gibt es zahllos und ungezählt, zu allen Zeiten.

Aus verschiedenen Gründen wiegt Gottes Schweigen so schwer:

Gott verweigert sich dem Beter, der Beterin und wird dem eigenen Anspruch nicht gerecht, ein Gott der Nähe, der Fürsorge zu sein: »Dennoch bleibe ich stets an dir, denn du hältst mich bei meiner rechten Hand … Wenn mir gleich Leib und Seele verschmachtet, so bist du doch, Gott, meines Herzens Trost und mein Teil« (Psalm 73, Verse 23 und 25, in Martin Luthers Übersetzung). Von jeher sind diese Zeilen als Zusage Gottes gelesen worden. Bleibt er aber still, wenn »Leib und Seele verschmachtet«, dann ist in diesen Versen von dem, der sie spricht, blindes Vertrauen gefordert – ein Vertrauen, das dem Elend nicht standhält, das von Gottes

Seite aus nicht gedeckt ist durch Wort und Tat. Der fromme Einwand: »Was betrübst du dich, meine Seele, und bist so unruhig in mir? Harre auf Gott; denn ich werde ihm noch danken, dass er meines Angesichts Hilfe und mein Gott ist« (Psalm 43, Vers 5), klingt, indem er vertröstet und eine Vertrauensleistung erwartet, höhnisch.

Da Gott schweigt, wenn ein Kind im Jemen Hungers stirbt, wenn ein Mann in Syrien gefoltert wird, wenn in Konzentrationslagern Menschen selektiert werden und Krematorien rauchen, wenn eine ukrainische Mutter ihrem gefallen Sohn herzzerreißend nachweint (und es die russische genauso tut), wenn einer Familie der Rohingya das Land geraubt wird und eine Million Uiguren in Lagern »umerzogen« werden – dann schweigt Gott auch zu Untaten, zu Verbrechen, Mord und Ungerechtigkeit. Hat er denn mit seinen eigenen moralischen Ansprüchen nichts zu tun? »Wenn aber jemand dieser Welt Güter hat und sieht seinen Bruder darben und verschließt sein Herz vor ihm, wie bleibt dann die Liebe Gottes in ihm?«, fragt der Verfasser des ersten Johannesbriefes (Kapitel 3, Vers 17) und stellt damit eine rhetorische Frage, denn es liegt doch auf der Hand: Wer die Mittel hat zu helfen, der wird helfen, weil er liebt und weil er ein Bruder, weil sie eine Schwester ist. Aber liegt es nicht zugleich auf der Hand, dass dieser Maßstab auch auf den angewendet wird, der ihn gesetzt hat? Verzeihung: Auch das ist eine rhetorische Frage. Selbstverständlich gilt das genauso für Gott. Aber da bleibt er – schweigend – hinter den billigen Erwartungen zurück. Gott lässt die Verbrecher, die Mörder, die Rassisten, Misogynen und Homophoben, die autoritären Herrscher und rechten Populisten, die Extremisten, Terroristen und Feinde der Demokratie gewähren. Er erhebt keinen Einspruch, er spricht kein Machtwort. Das ist, um nur das Mindeste zu sagen, nicht konsequent, wenn er von seinen Frommen Gerechtigkeit, Anstand, Solidarität erwartet.

Indem Gott schweigt, bleibe ich in meiner persönlichen Not, bleibt die Welt in ihren Krisen und Herausforderungen ohne Erklärung. Die theologische Idee von der »Providenz«, der »Vorsehung Gottes« scheint mir der – recht kläglich gescheiterte – Versuch zu sein, im je eigenen Lebenslauf und in der Weltgeschichte so etwas wie einen roten Faden Gottes fest zu machen, damit das alles, was so sinnlos und ohne Perspektive aussieht, doch irgendwie einen Sinn, einen Zweck oder eine Zukunft hat. »Weiß ich den Weg auch nicht, du weißt ihn wohl« (Evangelisches Gesangbuch, Lied Nr. 641, Strophe 1) und »Lobe den Herren, der alles so herrlich regieret« (Evangelisches Gesangbuch, Lied Nr. 316, Strophe 2) sind Bemühungen, sich die Unübersichtlichkeit und Krisenhaftigkeit von Welt und Menschenleben schönzureden und schönzuschauen; wenn Gott diese Weltsichten nicht antwortend einlöst, bleiben sie haltlos. Und das, meine ich, tut er nicht, jedenfalls nicht offensichtlich!

Ich lese solche Liedstrophen, die im Laufe der Kirchenlied-
geschichte zu den großen Schlagern gehörten, als vertonte,
in Melodien gefasste Sehnsüchte. In die ich freilich kaum
noch einstimmen kann. Sie bringen zum Ausdruck, was
Menschen wohl grundlegend brauchen, was eine Bedingung
des Menschlichen ist: Will ich an meinem Leben und an der
Geschichte nicht restlos verzweifeln, dann brauche ich das
Gefühl oder gar die Gewissheit, dass es neben meiner Ohnmacht noch eine Macht gibt, die den unsäglichen Gegeben-
heiten widersprechen kann, die ein Wort hat gegen die Un-
worte, das Geschwätz oder eine Sprachlosigkeit, die alle Kraft
raubt. Eine Macht: Sei es das »Prinzip Hoffnung«, ein naiver
Wirtschaftsoptimismus, der auf Fortschritt und Wachstum
setzt, eine fröhlich-unbedarfte »Technologieoffenheit«, die
darauf vertraut, dass es den Ingenieurinnen und Ingenieuren
schon noch gelingen werde, mit der einen großen Erfindung
die Welt zu retten. Oder eben ein religiöser Glaube, der auf
den einen Gott oder die vielen Götter setzt, auf Seelenstärke
oder die große Harmonie – am Ende wird alles gut. Ich verstehe diese Sehnsucht. Sie liegt mir nahe, weil die bloße kalte
Ohnmacht unerträglich ist. Mich wundert nicht allzu sehr,
dass Menschen heuer den Ideologen und Populisten auf
den Leim gehen, weil sie die Sehnsucht nach einem kleinen
Machtgefühl und etwas Sinnhaftigkeit mit einfachen Mitteln
und Floskeln bedienen. Würde denen nicht auch das Hand-
und Mundwerk gelegt, wenn Gott nicht still bliebe, sondern
die Sehnsucht selbst beantwortete? Doch! Aber er schweigt.

Der schweigsame Gott wird in der Ur-Kunde unseres Glaubens, in der Bibel, angerufen und zur Rede gestellt. Da schreit einer, der die radikale gnadenlose Ohnmacht mit uns teilt: Jesus. »Eli, Eli, lama asabtani? … Mein Gott, mein Gott, warum hast du mich verlassen?«

Markus, einer der vier neutestamentlichen Erzähler vom Leben Jesu, legt ihm – wie es später auch der Evangelist Matthäus tun wird – für die letzten Minuten seines Leidens die Worte des 22. Psalms in den Mund. In der Fortsetzung des ersten Verses, den Jesus in seiner Todesstunde schreit (dass er ihn nur »gebetet« habe, dürfte der unerträglichen Situation – gefoltert, an den Balken genagelt – nicht entsprochen haben), heißt es im Psalm: »Ich schreie, aber meine Hilfe ist ferne. Mein Gott, des Tages rufe ich, doch antwortest du nicht, und des Nachts, doch finde ich keine Ruhe« (Psalm 22, Verse 1 und 2).

Bis hierher war die Rede nur davon, dass Gott schweigt. Noch nicht davon, warum er schweigt. Die Geschichte des menschlichen Glaubens und Denkens ist voller Ideen, warum Gott sich wohl so still verhält.

Es könnte sein, dass er schweigt, weil er sich gleichgültig abgewandt hat: Er hat die Erde und die Menschen ausgestattet mit allem, was nötig ist, die Zeit zu überdauern und die Welt zu gestalten – nun geht es ihn nichts mehr an, was sie mit ihren Gaben anstellen. Er hat uns den Rücken gekehrt –

und was alles misslingt, wo Ungerechtigkeit und Gewalt obsiegen, wo diese gut gemeinte Erde zur schlecht gemachten Hölle wird, da haben wir uns das selbst zuzuschreiben. Das müssen wir auf die eigene Kappe nehmen.

Möglich auch, dass Gott schweigt, weil er seiner Wut kaum noch Herr wird. Beim Propheten Jesaja wird angedeutet, dass Gott sich im Zorn abwenden könnte: »Ich habe mein Angesicht im Augenblick des Zorns ein wenig vor dir verborgen« – allerdings zieht sich dieser Augenblick nun schon weltgeschichtenlang hin; aus der Perspektive Gottes mag das kurz sein, von der Warte der Opfer, der Verfolgten, der Elenden ist es zu lang, unübersichtlich, endlos lang. Das Positive: Wenn er schweigt, lässt er seiner Wut nicht freien Lauf – die Geschichte von der Sintflut erzählt, was geschehen würde, wenn Gott nicht an sich hielte. Das Negative: Schweigt er, wendet er sich wutentbrannt ab, dann ist er nicht mehr zugänglich. Und bewirkt nichts zum Guten. Aus der »Schwarzen Pädagogik« ist die Übung bekannt, Kindern durch Schweigen die Zuneigung zu entziehen, sie allein zu lassen mit ihren (vermeintlichen) Verfehlungen – was sie am Ende verletzen und verhärten wird.

Vielleicht schweigt Gott, weil er seine Kreise nicht stören lassen möchte? Weil er lieber in sich gekehrt und in Harmonie bleibt, denn wo es ruhig ist, ist Gott zuhause? Die drei berühmten japanischen Affen: Mizaru (der nicht sieht), Kikazaru (der nicht hört) und Iwazaru (der nicht spricht) sind ein Sinnbild dafür. Das wohl auf Konfuzius zurückgehende Symbolbild – anders als in der westlichen Interpretation, in der die drei gescholten werden, weil sie sich abwenden und nicht hinschauen, nicht zuhören, nicht mitreden – deutet an, dass es gut und erstrebenswert sei, sich herauszunehmen, um von all dem Üblen, das es zu sehen, zu hören und zu besprechen gibt, nicht tangiert, nicht gestört und verwirrt zu werden. Gott – gedacht als der »unbewegte Beweger« (Aristoteles, Thomas von Aquin) – könnte es so halten wollen: Weil Frieden, Harmonie und gütige, unaufgeregte Liebe seine Grundeigenschaften sind, hält er alles von sich, was das Stimmige und Eingespielte stören könnte. Gott wendet sich also eigentlich nicht ab, er bleibt nur bei sich.

Mag sein, Gott schweigt, weil er der menschlichen Not überdrüssig ist, oder, weil er sie nicht mehr bewältigen kann. In Wolfgang Borcherts bedrängend-bewegendem Drama »Draußen vor der Tür« (mit dem Untertitel: *Ein Stück, das kein Theater spielen und kein Publikum sehen will!*) schließt der tragische Protagonist Beckmann mit Gott ab: *»Du bist tot, Gott, sei lebendig, sei mit uns lebendig, nachts, wenn es kalt ist, einsam und wenn der Magen knurrt in der Stille – dann sei mit uns lebendig. Ach, geh weg, du bist ein tintenblutiger Theologe, geh weg, du bist weinerlich, alter Mann!«* Und Gott: *»Mein Junge, mein armer Junge! Ich kann es nicht ändern! Ich* *kann es doch nicht ändern!«* Beckmann stimmt zu: »*Ja, das ist es, Gott. Du kannst es nicht ändern. Wir fürchten dich nicht mehr. Wir lieben nicht mehr. Und du bist unmodern.*« Gott: »*Nein, keiner hört mich, keiner mehr. Ihr seid zu laut!*« Am Ende ist es nicht nur Beckmann, der vor verschlossenen Türen scheitert, dem sich Türen und Herzen nicht öffnen, es ist auch Gott, der außen vor bleibt – für den Borchert freilich kein Mitleid übrighat.

Schweigt Gott, weil er sein eigenes Wort nicht mehr versteht? Weil ihn der Lärm, das Kriegsgeschrei, die Klageschreie in den Ohren gellen und über den Kopf gewachsen sind? Weil er der millionenfachen Not lange schon nicht mehr gewachsen ist? Dann wäre er kein sehr mächtiger Gott und enttäuschte unsere Erwartungen!

Ich will es zumindest erwähnen, dass es auch an unseren Erwartungen, unseren an Größe und Macht orientierten selbstverfertigten Gottesbildern liegen könnte, dass wir Gott nicht hören können, dass er uns zu schweigen scheint.

Aber ich bleibe noch bei Gottes Schweigen und beim »Warum?«, und entdecke in der Bibel eine Leidensgeschichte, die das Schweigen ins Hilfreiche wendet.

Der Leidende schlechthin ist Hiob, der »*Mann im Lande Uz, der war fromm und rechtschaffen, gottesfürchtig und mied das Böse*«. Aber das Böse meidet ihn nicht, und weil Gott in eine Wette mit Satan einschlägt, muss Hiob leiden. Er verliert, was immer sein eigen war: »*Die Rinder pflügten und die Eselinnen gingen neben ihnen, da fielen die von Saba ein und nahmen sie weg und erschlugen die Knechte*«; »*Feuer Gottes fiel vom Himmel und verbrannte Schafe und Knechte und verzehrte sie*«; die Kamele und deren Treiber fallen den Chaldäern zum Opfer und – als wär's nicht genug – geht es auch den unschuldigen Söhnen und Töchtern an den Kragen, als sie sich's im Haus des Erstgeborenen gut gehen ließen: »*da kam ein großer Wind von der Wüste her und stieß an die vier Ecken des Hauses; da fiel es auf die jungen Leute, dass sie starben.*«

Alle und alles perdu, der Nachwuchs, der Reichtum, Familie und Hausstand. Und die Gesundheit schließlich auch: Satan schlägt den Hiob »*mit bösen Geschwüren von der Fußsohle bis an seinen Scheitel.*« Jetzt sollte er wohl aufgeben, wozu seine Angetraute ihm auch rät: »*Hältst du noch fest an deiner Frömmigkeit? Fluche Gott und stirb.*« Was er erst einmal nicht tut, beides nicht, er flucht nicht, segnet nicht resigniert das Zeitliche. Aber ein Bild des Jammers bietet er doch: Hiob »*nahm eine Scherbe und schabte sich und saß in der Asche!*«.

Alles verloren. Nein, nicht alles. Hiob hat noch seine Freunde: Elifas, Bildud und Zofar. Als sie von seinem Unglück hören (und dem seiner Frau, seiner Kinder, seinem

Getier, denn nie ist einer, der Mann und Maus verliert, allein geschlagen!), kommen sie ihn besuchen. Überliefert ist, dass sie ihm den Kopf waschen möchten, dass sie ihn hochmütig schelten, weil er mit Gott rechten will, dass sie ziemlich aufgebracht sind, als er auf seine Gerechtigkeit beharrt und an sich keine Schuld für die Verluste finden will. Das alles tun sie – aber zuvor, ehe die kapitellangen Reden und Gegenreden anheben, zuvor: schweigen sie. »Und als sie ihre Augen aufhoben von ferne, erkannten sie ihn nicht und erhoben ihre Stimme und weinten, und ein jeder zerriss sein Kleid, und sie warfen Staub gen Himmel auf ihr Haupt und saßen mit ihm auf der Erde sieben Tage und sieben Nächte und redeten nichts mit ihm; denn sie sahen, dass der Schmerz sehr groß war.«

Es gibt einen Schmerz, der verschlägt dir die Sprache; es gibt Leid, das erlaubt keinen Ausdruck mehr; es gibt Not, für die du keine Worte mehr hast. Das ist eine sehr persönliche Erfahrung: Nachdem ich von Operation, Therapie und Krankenhaus zurückgekehrt war, sprachen mich Bekannte an, zufällig in der Stadt oder beim Rollstuhl-Flanieren in der Allee, und versicherten mir, dass sie viel an mich gedacht hätten, aber sich nie gemeldet hatten, weil sie nicht wussten, was sie hätten sagen können. Ich habe dafür viel Verständnis.

Es gab auch Freundinnen und Freunde, die sich der Wortlosigkeit aussetzten (und meine Familie tat das sowieso), wie es Elifas, Bildud und Zofar machten. Zunächst gibt es keine Erklärungen, alle Aufmunterung geht fehl und nimmt die Tiefe des Leidens nicht ernst, Vertröstungen sind nicht am Platz, und dass gewiss »alles gut« werde, ist eine Floskel aus US-amerikanischen Thrillern (und der, dem's gesagt wird, stirbt meist Sekunden später). Es gilt auszuhalten. Der einzige Freundschaftsdienst, der möglich ist, ist der, vor der Last des Elends nicht zu fliehen, dazubleiben, auch wenn »der Schmerz sehr groß« ist. Schweigen. Es ist ein Schweigen aus Freundschaft, ein Schweigen, das mitträgt, das die Last aber nicht abschätzt oder definiert, nicht kleinredet, das nicht unterbrochen wird von Vorwürfen oder guten Ratschlägen, das einfach duldet. Der »Dulder Hiob« hat Freunde, die mit ihm dulden, ihre Sprachlosigkeit erdulden, um den Freund nicht im Stich, nicht alleinzulassen. Die da schweigen, sind so solidarisch, dass sie sich nicht scheuen, in ihrer Weise mitzuleiden – denn das Eingeständnis, hier nichts zu sagen zu haben, und die Entscheidung, die Stille auszuhalten, die kosten Kraft und schlagen eigene Wunden.

Was die Freunde hier für ihren Genossen leisten, wirft ein anderes Licht auf Gottes Schweigen: Schweigt er, weil er uns freundschaftlich nahe und am nächsten ist? Ich möchte das glauben. Ich glaube es, weil in dieser Weise des freundschaftlich-solidarischen Schweigens Liebe zum Ausdruck kommt. Wer die Sprachlosigkeit aushält und den Schmerz des und der anderen nicht flieht, ist zu beharrender, beharrlicher Liebe fähig. Aus meiner seelsorglichen Erfahrung und meinen Erlebnissen in Krankenzimmern und auf der Intensivstation weiß ich, dass diese Zuwendung eine der schwersten Übungen ist.

Martin wollte nach Hause. Ich kannte ihn seit gut zwei Wochen, unsere Betten standen nebeneinander in einem geruchsbelasteten, recht lauten Mehrbettzimmer. Als er beiläufig (ich habe es nicht an die große Glocke gehängt) erfuhr, dass ich Pfarrer sei, erzählte er mir mit knappem Atem und langen Pausen seine Krankheitsgeschichte. Manchmal verstummte er, weil er kaum noch Kraft fand, seinem mehrjährigen Elend, all dem Bangen und der Hoffnungslosigkeit Ausdruck zu verleihen. Dennoch: Er war sichtlich beglückt, dass ihm einer zuhörte, auch wenn ich selbst zu viel mehr nicht fähig war. Eines Morgens kam die Stationsärztin (sie stammte aus Brasilien, hatte einen wohlklingenden, fast zärtlichen Akzent) und schlug ihm vor, da er in den letzten Tagen einigermaßen stabil gewesen war – dies sagten zumindest die Monitore und Messwerte, er selbst fühlte sich nicht danach –, doch einmal übers Wochenende nach Hause zu fahren. Der Sozialdienst und sie würden alles organisieren: Abholung mit dem Taxi, Pflegeteam, die nötigen Medikamente im Vorrat für drei Tage. Martin war außer sich vor Freude. Freude kann weh tun, wenn der Leib zerschlagen ist, die Muskeln schmerzen vom langen Liegen und die Zugänge, Pflaster und Verbände Haut und Nerven reizen. Aber das war Martin gleich, diese Aussicht ließ ihn von einem Augenblick zum andern aufleben. Er bejahte, das wolle er sehr gerne tun, habe das kaum noch für möglich gehalten – sagte er mit schon etwas kräftigerer Stimme. Er bat darum, dass seine Frau verständigt würde, sie käme sicher vorbei, um alles vorzubesprechen. Dann schlief er rasch ein. Eigentlich hatte er große Not mit dem Schlaf, lag manchmal nächtelang wach und berichtete mir am nächsten Morgen, wie sich wieder überhaupt nichts zugetragen hatte – aber jetzt senkte sich eine Ruhe auf ihn, die ihm zu schlummern erlaubte.

Zwei Tage danach trat seine Frau vor sein Bett; sie kam von weit her, musste erst anreisen. Als ich sie sah (obwohl es mich nichts anging, wurde ich doch Zeuge und ich nahm ja ohnehin Anteil an Martins Ergehen, hatte er mich doch ins Vertrauen gezogen), wurde mir unter meiner Decke eiskalt. Sie suchte nicht lange nach Worten, offensichtlich hatte sie sich vorbereitet: »Wir wollen dich zuhause nicht!«, erklärte sie im Namen der beiden Töchter, die nun endlich damit zurechtkamen, dass sie ohne Vater seien, im Namen der Freundinnen und Freunde, die er in Verlegenheit bringen würde, und in ihrem eigenen Namen, die sie nun ihr Leben ohne ihn organisiert hatte und sich von seiner Gegenwart in dem Haus, das nun schon monatelang ohne ihn ausgekommen war, körperlich und mental überfordert fühlen würde. Sie blieb nicht lange, hatte gesagt, was zu sagen war.

Martin sank noch tiefer in sein aufgewühltes Bett, sprach tagelang kein Wort mehr. Der Ärztin, die alles zu erklären versuchte, um Verständnis für die Familie heischte, als sei diese Absage ihre persönliche Niederlage, die ihr unendlich leidtue, hörte er nicht zu.

Ich weiß nicht, was aus Martin später geworden ist – wir haben E-Mail-Adressen getauscht, aber uns nicht mehr beieinander gemeldet –, aber ich habe damals gespürt, was es für einen Menschen bedeuten kann, wenn ihm die Solidarität im Schmerz, das Aushalten in seiner Situation verwehrt wird. Und bin noch immer sehr erschrocken darüber. Welch Glück, sage ich, weil ich Familie, Freundinnen und Freunde hatte und habe, die mich *nicht* zurückließen.

Kann ich von dem Glück auch sagen, dass Gott an meiner Seite blieb? Ich weiß es nicht, weil er so still war dabei. Es ist keine Erfahrung, die ich darlegen und vorweisen könnte, es ist mehr Ahnung, Gefühl als Gewissheit: Gott war dabei, schweigend, tragend, er hat ausgehalten neben mir. Mein Hadern, mein Rechten mit ihm, meine verächtliche Gleichgültigkeit, meinen Zorn, meine Ablehnung und meine Abgewandtheit, mein eigenes Schweigen, wenn ich für ihn und für andere keine Worte mehr hatte – Gott hat sich nicht beirren lassen. Und damit eine Liebe an den schweren Tag und in die verbitterten Nächte gelegt, die nicht nach sich selbst schaut. Die nicht danach fragt, ob die göttliche

Würde, die himmlische Macht, die weise Vorsehung denn wohl angemessen und richtig geachtet werden, die nach mir fragt und mich aushält, meinen Schmerz, meine ganz und gar unfromme Gottesferne.

So kann ich das – vorsichtig und mit Vorbehalt – für mich sagen, so habe ich Gott erfahren wie einen der Freunde Hiobs.

Aber ich kann es nicht zugleich behaupten für die Mutter im Jemen, den gefolterten Mann in Syrien, die verkaufte Frau in Osteuropa und auf dem Straßenstrich in Berlin, das missbrauchte Kind, die vereinsamte und demente Seniorin in einem schlecht geführten Pflegeheim, den Sterbenden voller Angst, der nach Atem ringt. Für sie habe ich keine Antwort als die, wo immer das möglich ist, selbst dabei und solidarisch zu sein. Welche Antwort hat Gott?

4

Ganz ungelöst.
Der fragwürdige Gott

Überzeugende Fragen

»Ich habe bemerkt«, sagte Herr K., »dass wir viele abschrecken von unserer Lehre dadurch, dass wir auf alles eine Antwort wissen. Könnten wir nicht im Interesse der Propaganda eine Liste der Fragen aufstellen, die uns ganz ungelöst erscheinen?«

(Bertolt Brecht, Geschichten vom Herrn Keuner)

Vor dem Schweigen kommt das Verstummen. Vor dem Verstummen ein Schrei. »Mein Gott, mein Gott, warum hast du mich verlassen?« Der Dichter und Pädagoge Rudolf Otto Wiemer (1905-1998) hielt diesen Schrei Jesu am Kreuz für einen Erweis der Glaubwürdigkeit der Worte Gottes: »Keins seiner Worte / glaubte ich, hätte er nicht / geschrien: Gott warum ... Das ist mein Wort, das Wort / des untersten Menschen.« Gott wird glaubwürdig, indem er sich zu den »untersten Menschen« gesellt, einer von den Untersten, den Geringsten, einer von den Sünder/innen (das sind in etwas unfreundlicher biblischer Begrifflichkeit wir Menschen) wird: »Er hat den, der von keiner Sünde wusste, für uns zur Sünde gemacht« (2. Brief des Paulus an die Korinther, Kapitel 5, Vers 21); »Er ... entäußerte sich selbst und nahm Knechtsgestalt an, ward den Menschen gleich ... Er erniedrigte sich selbst« (Brief des Paulus an die Philipper, Kapitel 2, Verse 7+8).

Zunächst: Mir erscheint dieses theologische Denkmodell von der Identifikation Gottes mit den Elenden und Ärmsten, die in der Solidarität Gottes mit den Menschen am Kreuz zum Ausdruck kommt, eine der wenigen Möglichkeiten zu sein, heute von Gottes unbedingter Liebe zu sprechen und in der Frage nach Gottes Gerechtigkeit angesichts des Leidens und des Bösen in der Welt (die klassische sogenannte »Theodizee-Frage«) so etwas wie eine Antwort zu versuchen. In Christus am Kreuz wird sichtbar, dass Gott nicht nur Mitleid hat (wie bei Wolfgang Borchert: »Mein Kind, mein armes …«), sondern mitleidet. Er trägt, was uns zu tragen gibt, er teilt, was uns zu schaffen macht, er ist dort, wo es weh tut, uns gerade so wie ihm. Diese Antwort ist von höchstem, emotionalem Wert; sie vermittelt das Gefühl, nicht allein zu sein, von Gott inmitten von Schmerz und Leid nicht alleingelassen zu werden. Da ist ein Freund, eine Freundin an meiner Seite, dem und der muss ich meine Not nicht erklären; Gott, der mittendrin ist mit mir, der verspürt, erfährt am eigenen Leibe, was mir widerfährt. Das ist – für eine Zeit – trostvoll und ermutigend.

Matthias Grünewald (der Maler) und Niklaus von Hagenau (der Bildhauer) griffen diese seelsorgliche Dimension der Kreuzesinterpretation auf, als sie für die Kranken der Antoniter-Präzeptur in Isenheim (im Elsass) den Altar fertigten, der den geplagten Christus am Kreuz überlebensgroß vor Augen führt und noch heute tief beeindruckt. Die Sehnsucht nach Gottes Solidarität lässt sich in der katholischen Volksreligiosität etwa ablesen am »Schmerzensreichen Rosenkranz« oder dem Bild der »Mater dolorosa«, vor dem Gretchen in Goethes Faust ihr Leid klagt: »Ach neige, / Du Schmerzenreiche, / Dein Antlitz gnädig meiner Not!«. Der »Schmerzensreichtum« Gottes wird als hilfreich erlebt. Weil ich mich verstanden fühlen kann, weil mein Schmerz Gott nicht fremd ist.

Dieses »geteilte Leid« findet von Gott her in Jesu Schrei am Kreuz, in seiner verzweifelten Frage seinen Ausdruck. Hier folgt das theologische Denken und Glauben dem Rat des Brecht'schen Herrn Keuner, der die Frage der Antwort vorzieht, weil die allzu gute Antwort abschließt und keine neuen Perspektiven auftut, die Frage dagegen ins Offene weist. Sind in Jesu Frage-Schrei aber Versuche von Antworten abzulesen?

Ich glaube, das sind sie. Neben dem seelsorglich tröstlichen Hinweis auf das Mitleiden Gottes, von dem eben die Rede war (und später noch sein wird), kommt Gottes Ohnmacht ins Spiel – und Gottes Fragwürdigkeit.

»Mein Gott, mein Gott, warum …?« ist ein Ohnmachtswort, ein Schrei, aus völliger Ohnmacht geboren. Das ist schon bemerkenswert, weil die Bibel, wenn es um Gott geht, gerne seine Machtworte zitiert: von den keinen Widerspruch duldenden Geboten über die Herausforderungen und Urteile der Gottesrede bei den Propheten bis hin zu Jesu Vollmacht, über die seine Zeitgenoss/innen wohl staunten. Dass Gott ein Machtwort spreche, das wünsche ich mir – gerade angesichts gesellschaftlicher Verwerfungen, politischer Ungerechtigkeiten, historischer Schuld und vielfältiger Menschenverachtung – durchaus.

»Ach Gott, vom Himmel sieh darein« ist eines der Trutz-
und Streit-Lieder Martin Luthers (Evangelisches Gesangbuch, Lied Nr. 273), aus denen er Kraft schöpfte, um sich gegen die »papistischen« Gegner zu behaupten. In der vierten
Strophe wird vom Machtwort gesungen: »Darum spricht
Gott: ›Ich muss auf sein / die Armen sind verstöret; / ihr
Seufzen dringt zu mir herein, / ich hab ihr Klag erhöret. /
Mein heilsam Wort soll auf den Plan, / getrost und frisch sie
greifen an / und sein die Kraft der Armen.‹« Angriff – das
ist es, was ein Machtwort kann; Luther war in der Tat nicht
zimperlich, wenn es um die ging, die ihm widersprachen
oder ihn anders verstehen wollten, als er sich, seine Sen-
dung und seine Botschaft selbst verstand. Luther wusste
Gott, die »feste Burg«, auf seiner Seite und Gottes »rechte
Wehr und Waffen.« »Mit unserer Macht ist nichts getan / …
es streit' für uns der rechte Mann. … / Fragst du, wer der ist? /
Er heißt Jesus Christ.« Er, Christus, ist das »Wörtlein«, das
den »Fürst dieser Welt«, Satan, den Teufel »fällen« kann. Bloß
ein Wörtlein ist er – so gesehen – freilich nicht, sondern,
im Kontext des Kampfes um die theologische Wahrheit
und gegen den vermeinten Antichristen, ein ordentliches,
schlagkräftiges und durchsetzungsfähiges Machtwort.

Ganz anders der biblische Befund, die Kreuzigungsszenen
bei den Evangelisten. Hier bleibt das Ohnmachtswort des
Gefolterten, Verspotteten und Leidenden an einem heißen
Karfreitag vor den Toren Jerusalems in der Luft stehen:

die Frage »Mein Gott, warum?« und dieses sprachlose Lebensende: »Aber Jesus schrie laut und verschied« (Evangelium des Markus, 15. Kapitel, Vers 37). Wer am Kreuz »Wehr und Waffen« sucht, wer von Golgatha aus Angriffe führen möchte und wer sich mit einem Schlachtruf »Warum?« ins Feld, in Fehden und Streit stürzen möchte, hat keine guten Aussichten. An der Schädelstätte (so die Übersetzung des hebräischen »Golgatha«) ist nichts zu gewinnen – dort ist keine wehrhafte Macht und kein Ruf, der die Feinde und Gegner zerstreut und vernichtet.

Auf ein Machtwort kann ich also nicht setzen. Aber ich will das Ohnmachtswort ernst nehmen. Ich höre: Dieser Ruf, dieser ohnmächtige, verzweifelte Schrei ist eine Frage!

Eine Frage!

Keine zerknirschte oder zornige Feststellung: »Du hast mich verlassen!« Kein sprödes, theologisches Verdikt: »Du bist ein Gott, der sich nicht kümmert!« Kein beleidigter Ton aus dem Schmollwinkel: »He, was ist denn los, wo bleibst du denn?« Ich unterstelle: Jesu Schrei ist eine echte Frage, eine, die Antwort will. Keine rhetorische, die die Antwort schon kennt: »Das hätte ich mir ja denken können, dass du mich verlässt.«

Dabei ist Jesu Frage eklatant widersprüchlich: Jesus ruft den an, der ihn verlassen hat. Es ist nicht damit zu rechnen, dass Gott noch in Hörweite ist. Jesus fühlt sich ganz und gar verlassen. Hier, an der Grenze zum Tod, der Folter ohnmächtig ausgeliefert, zermartert vom Schmerz am ganzen Leib und ohne Aussicht, dass etwas anderes auf ihn wartet als das Vernichtet-Sein, ist Jesus im radikalsten Sinne allein. Dennoch: Er schreit zu einem Gott, der ihm elementar mangelt. Er schreit nach dem, dessen Gegenwart er in keiner Weise spürt. Dieser Widerspruch ist schwer auszuhalten. Darum ist in der muslimischen Tradition der Prophet Isa (Jesus) nicht eigentlich am Kreuz verstorben (der gerechte Gott würde seinen gerechten Freund so nicht leiden und im Stich lassen), verschiedene esoterische Lehren stimmen dem zu.

Der Schrei Jesu und sein innerer Widerspruch deuten auf die Fragwürdigkeit Gottes, in einem doppelten Sinn: Der Gott, der hilfreich eingreift, der Vater Jesu, der die Welt verändert und heilt, in dessen Namen Jesu spricht, handelt und heilt, weil das Himmelreich »nahe herbeigekommen« ist – dieser Gott steht radikal in Frage. Angesichts der Leiden seines Sohnes versagt er. Der Spott der »Hohepriester« und »Schriftgelehrten« unter dem Kreuz legt das Versagen Gottes an den Tag: »Er hat Gott vertraut; der erlöse ihn nun, wenn er Gefallen an ihm hat; denn er hat gesagt: Ich bin Gottes Sohn« (Evangelium des Matthäus, 27. Kapitel, Vers 43).

Offensichtlich hat sein Vater kein Gefallen an ihm, offensichtlich fühlt er sich nicht bemüßigt, einzuschreiten. Was soll uns ein Gott, der den Gerechtesten der Gerechten derart im Stich lässt? Wie könnte der für irgendeine/n von uns zur Hoffnung gereichen? Was haben wir von dem mehr zu erwarten als nichts?

Gott ist fragwürdig. Aber er ist auch – das lässt sich aus dem Schrei Jesu ebenfalls heraushören – der Frage würdig. Mich bewegt dieses verzweifelte »Dennoch« in der Frage »Mein Gott, warum hast du mich verlassen?«: Er ist nicht mehr da – wenn er es je gewesen ist –, er ist außer Sicht- und Hörweite, von ihm ist nichts mehr zu erwarten. Und dennoch: Jesus ruft ihn an, schreit ihn an. Er schreit ja nicht einfach in den heißen Wüstenwind vor Jerusalem, er brüllt nicht seine Peiniger oder seine Freund/innen an, er wendet sich nicht lauthals an sein ungerechtes Schicksal oder den kalt-gleichgültigen Kosmos. Der Schrei am Kreuz hat einen konkreten Adressaten: Gott. Das könnte der Ausdruck seelischer und theologischer Verwirrung sein; an der Grenze zum Tod setzt der Verstand aus, da haben theologische Hirngespinste ihren Platz. Könnte sein: Jesus wusste nicht mehr, was er redet. Oder aber: Im Schrei deutet sich, zumindest als Sehnsucht, etwas Unverbrüchliches an. Die Frage nach dem »Warum?« und die Erfahrung der Verlassenheit deuten am buchstäblichen Ende Jesu darauf hin, dass die Beziehung zu Gott unverbrüchlich ist. In der Frage liegt ein Ahnen, dass Gott sich – auch wenn das nicht sichtbar, nicht spürbar ist, sondern jeder menschlich-leidvollen Erfahrung entgegensteht – nicht völlig entzogen hat. Er ist, er bleibt präsent. Allerdings: geheimnisvoll.

In der Ahnung, in der Sehnsucht, dass er präsent sei, ist er präsent, in der verzweifelten Hoffnung ist er gegenwärtig. Die Situation der Ohnmacht, in der Jesus sich befindet, und in der sich Millionen Menschen nach ihm befunden haben, lässt sich auch auf diese Weise verstehen:

Ohnmacht und Macht sind »komplementäre« Begriffe (wie es in der Theorie des Erkennens und Verstehens gesagt wird), d.h. der eine ist das Gegenteil vom anderen – aber zugleich ohne das andere nicht denkbar. So wie es nur dort Schatten gibt, wo Licht ist, und Licht erst ablesbar wird am Schatten, so braucht der Mächtige, um Machtfülle zu haben, die Ohnmacht der anderen, und ohnmächtig fühlt sich nur, wer der Macht ausgeliefert ist. In der Ohnmacht Jesu ist die Macht Gottes anwesend, wenn auch: verborgen.

Zurück zu Bert Brecht und dem guten Herrn Keuner. Habe ich nun doch wieder eine Antwort gefunden, die alles erklärt? Die sich ins Geheimnisvolle zurückzieht und dort unanfechtbar bleibt? Und die am Ende unglaubwürdig ist, weil sie das Leiden nicht ernst nimmt? Ich glaube nicht, zumindest wirft sich diese Antwort nicht in die Brust und fordert Gehorsam. Nein, sie lässt der Frage ihre Würde; sie bleibt fraglich und lotet, was zu fragen ist, aus; sie bleibt fragend bei der Vermutung, nicht mehr, aber sie erlaubt, mitten in aller Fraglichkeit, Ermutigung, im Sinne der Zumutung: im Ahnen, Sehnen, Fragen könnte Gott präsent sein. Versuch es mal damit!

Die schon einmal erwähnte brasilianische Ärztin arbeitete – das war zu spüren – sehr oft an den Grenzen ihrer Kraft, um der Menschen willen, die ihr anvertraut waren. Dabei hielt sie manche Ungerechtigkeit aus, war selten gekränkt, wenn sie für die Schmerzen oder unangenehmen Therapien verantwortlich gemacht wurde. Auch Sterbenskranke suchen gerne einen Sündenbock und lassen ihre Angst und Enttäuschung ab und zu an denen aus, die gerade zur Hand sind: dem schnarchenden Bettnachbarn, dem Pfleger, der drei Minuten nach dem Läuten noch nicht im Zimmer steht, der Ärztin, die schon wieder Blut abnehmen will. Sophia – nach ein paar Wochen duzten wir einander – hatte Geduld. Einmal, während eines ruhigen Nachtdienstes (und ich konnte sowieso kaum schlafen), sprachen wir, die rationale Naturwissenschaftlerin und der nicht ganz so rationale Theologe, über die Existenz Gottes. Gibt es ihn oder gibt es ihn nicht? Wir waren uns in unseren Zweifeln einig. Als Sophia aufbrechen musste, weil sie auf eine andere Station gerufen wurde, stellte sie abschließend fest: Es muss ihn geben, sonst wäre alles, was ich hier tue, sinnlos!

Als sehr junger Vikar, gerade aus dem Studium in Heidelberg kommend, war ich Ende der 80er-Jahre einer überschaubar großen Dorfgemeinde im badischen Kraichgau zugeteilt, dem »Land der tausend Hügel«, wie es poetisch und durchaus realistisch heißt. Der Unterschied zwischen theologischer Reflexion (meine großen Themen an der Fakultät waren Systematische Theologie – also das dogmatische Nachdenken über Gott – und die Ethik) und der Gemeindefrömmigkeit war ein kleiner Kulturschock. Nach wie vor bin ich denen dankbar, die mir geholfen haben, meine theologischen Überflüge zu erden – darunter eine alte Frau aus Siebenbürgen. Um die überhaupt erste Trauerfeier meiner pastoralen Karriere vorzubereiten (nämlich die für ihren im hohen Alter verstorbenen Mann August), besuchte ich sie, nicht ohne mir vorher ein Arsenal an gut gemeinten, seelsorglichen Trostworten zugelegt zu haben. Ich kam freilich kaum zu Wort. Sie erzählte mir Anrührendes und Bedrängendes aus ihrem über sechzigjährigen Eheleben: die unfreiwillige Kinderlosigkeit, wie ihr Gewalt angetan wurde nach dem Krieg und wie ihr Mann behutsam wieder zu ihr fand, die Schikanen der rumänischen Securitate, die Übersiedlung in den fremden Westen, die ihr wie ein Flucht vorkam, die Heimatlosigkeit der ersten Jahre hier im Dorf und wie ihr der sonntägliche

Gottesdienst geholfen habe, anzukommen, die Krankheit des Mannes und seine Demenz und wie schwer es nun sei, ohne ihn zurückzubleiben, ohne seine Hand in der ihren zu spüren, wenn sie sich zu Bett gelegt hatten. Ich war tief beeindruckt, auch über ihre Offenheit. Und weil ich an Zuwendung nichts schuldig bleiben wollte, kramte ich etwas im Trostarsenal – aber sie fiel mir nach drei, vier Sätzen freundlich ins Wort: »Ach, der Herr Vikar, es ist schon gut. Der Herr Vikar muss sich nicht so viele Gedanken machen. Wenn der Heiland mich einmal nach Hause ruft und ich dem August folg, wird der Heiland mir alles erklären. Dann werd ich meinen Frieden haben.«

Die Ärztin auf der Krebsstation, die Seniorin aus Rumänien, sie leben und lebten damit, dass sie keine Antworten haben – aber sie bauen und bauten auf die Vermutung, dass sich der Sinn ihrer Mühe, ihrer Trauer, ihrer Lebenswege einmal erschließen wird. Der Verdacht liegt nahe, dass sie sich selbst nur vertrösteten auf einen scheinbar erlösenden (aber leider viel zu fernen) Sankt-Nimmerleinstag. Doch das glaube ich nicht. Denn aus der Vermutung wächst und wuchs ihnen eine Kraft und ein echter Trost zu, eine erstaunliche Lebens- und Mitleidensfähigkeit. Sie konnten die Frage nach der Existenz Gottes aushalten, als Frage stehen lassen; sie sind und waren bereit, auf die großen Antworten zu warten und aus der Frag-Würdigkeit Gottes Energie und Mut zu gewinnen. Was mich bewegt hat: Beide übten sich nicht in frommer Ergebung, sondern entschieden sich bewusst für ihr Warten, für ihr Hoffen und Getrost-Sein.

5

Wir wissen ja nicht.
Der befremdliche Gott

Von deinem Gott war die Rede, ich sprach
gegen ihn, ich
ließ das Herz, das ich hatte,
hoffen:
auf
sein höchstes, umröcheltes, sein
haderndes Wort –

dein Aug sah mir zu, sah hinweg,
dein Mund
sprach sich dem Aug zu, ich hörte:

Wir
wissen ja nicht, weißt du,
wir
wissen ja nicht,
was gilt

(aus: Paul Celan, Zürich, Zum Storchen (für Nelly Sachs))

Geht Ihnen das vielleicht auch so? Dieser fragwürdige, schweigsame Gott verflüchtigt sich langsam. Ich kann ihn nicht greifen, nicht durch Worte, Gedanken, Glaubensgewissheiten. Er wird mir zunehmend fremder. *»Wir / wissen ja nicht / was gilt«* spricht der jüdische Dichter Paul Celan (1920-1970) der jüdischen Dichterin Nelly Sachs (1891-1970) zu – beide waren erfahren in Verfolgung, Rassenhass, abgrundtiefer Verzweiflung; sicher ist: Das althergebrachte, freundliche Gottesbild, das Bild von dem Gott, der sich seines Volkes annimmt, der es gut mit ihm meint, gilt nicht mehr. Dass Gott fremd geworden ist, das *»weißt du«* – mehr in Wahrheit nicht.

Sören habe ich besucht. Er ist noch jung (also: im Vergleich zu mir), 35 Jahre alt, Vater zweier Kinder. Vor sieben Jahren habe ich Sören und Charlotte getraut, ein wunderbar verliebtes Paar, beide gingen mit Ernst und Leidenschaft auf ihre gemeinsamen Jahre zu. Und wollten ihre Liebe und ihre (künftige) Familie »unter Gottes Segen« stellen. Den könnten sie wohl brauchen, meinten sie. Dabei waren sie nicht besonders religiös, kirchlich schon gar nicht, aber ihre Beziehung und ihre Zukunft waren ihnen ein Gottesdienst wert. Als wir ihn feierten und ich den Trausegen sprach, standen ihnen beiden Tränen in den Augen. Später haben wir uns ab und an auf der Straße oder im Kindergarten getroffen, jedes Mal mit einem wohlwollenden Gruß und einem freundlichen Gespräch. Ich mag die beiden.

Vor ein paar Wochen ist Sörens Krebserkrankung entdeckt worden – weit fortgeschritten. Für ihn gibt es keine Heilung mehr; Sören hat in einem Hospiz Platz gefunden, wo er gut versorgt ist und Charlotte und die beiden Kinder Zeit und Ruhe für den Abschied haben. Als ich ins Zimmer trete, einen leicht verdunkelten Raum, Blumen stehen auf einem kleinen Tisch vor dem Fenster und auf dem Nachttisch leuchtet eine kleine, elektrische Kerze, sind alle vier versammelt. Die Kinder, Rebecca, die jüngere, und Adrian, anderthalb Jahre älter, haben wohl gerade geweint, Charlotte versucht, gefasst zu sein. Sören schaut auf seine Hände, die sehr alt wirken, und mit sehr leiser, gebrochener Stimme meint er: »Gut, dass Du kommst. Ich verstehe Gott nicht mehr.«

Was hätte ich sagen können außer: Ich auch nicht, Sören, Charlotte, Adrian, Rebecca? Das ist nicht zu verstehen, dass einer liebenden Frau der Mann, dass kleinen Kindern der Vater fortgerissen wird. Bei der kirchlichen Trauung hatte Gott, wenn ich die Worte der Liturgie und meiner Predigt ernst nehme, ein ganz anderes Gesicht: Da kam er großmütig und schöpfungsmächtig daher, er nahm sich des Paares an und verhieß den beiden eine bewahrte Zukunft. Er versprühte Hoffnung, machte Lust auf Liebe und Verantwortung. Und nun? Dass der Augenblick, in dem »der Tod euch scheidet«, so rasch eintreten würde, war unbegreiflich. Dabei äußerten Charlotte und Sören nicht einmal Wut oder

Kränkung, sie begriffen es nur einfach nicht. Ein wenig zu verstehen, hätte vielleicht geholfen.

Als Theologe muss ich allerdings eingestehen, dass ein Gott, der sich entzieht, keine völlige Überraschung ist. Gott stellt sich selbst als ein durchaus auch fremder Gott vor. Im Buch des Propheten Jesaja heißt es von Gott: »Fürwahr« (so übersetzt Luther gerne, um die besondere Bedeutung der jetzt folgenden Aussage zu unterstreichen), »du bist ein verborgener Gott, du Gott Israels« (Buch des Propheten Jesaja, Kapitel 45, Vers 15). Und beim Amtsbruder, dem Propheten Jeremia, ist zu lesen: »Bin ich nur ein Gott, der nahe ist, spricht der Herr, und nicht auch ein Gott, der ferne ist?« (Buch des Propheten Jeremia, Kapitel 23, Vers 23). Natürlich ist er das, ein ferner, fremder Gott – was am meisten spürbar wird, wenn ich mir seine Nähe wünsche, wenn er sich, wie bei Sören und Charlotte, nicht verbergen soll, sondern erklären. Die Verborgenheit, die Ferne, die Fremdheit Gottes ist eine der leidvollsten Erfahrungen von Menschen, die leidend seine Gegenwart, seine Nähe suchen, die ihm trauen möchten. Doch statt Vertrautheit ernten sie Ferne und Fremdheit.

Aus welchen Gründen zieht sich Gott zurück? Warum oder wozu hält er sich bedeckt?

Ich kann dem Bild von der Fremdheit Gottes abgewinnen, dass er sich als Fremder nicht verrechenbar macht. In der

Geschichte jeder Religion sind die zu fürchten, die ihn allzu gut zu kennen vermeinen, die mit ihm auf gutem Fuß zu stehen glauben und die darum an seiner Statt, in seinem Namen sprechen und handeln. Gefährlich sind die, die nicht zweifeln, die vorgeben, alle Erkenntnis zu haben. Nicht ganz überraschend passen ihre Vorstellungen von Gott in der Regel hervorragend zu dem, was ihnen nützt, was ihre Macht festigt, was ihr Ego stützt und aufbläht, seien es die Herren Inquisitoren, die Missionarinnen und Missionare mit ihren eindeutigen Sendungen »im Kampf gegen das Heidentum«, die Verschwörungstheoretiker/innen aller Couleur, die Tugendbolde und klerikalen Machthaber, Islamisten und Fundamentalisten. Da muss Gott herhalten für ihre Verunsicherung, ihr kleines, unterernährtes Selbstbewusstsein. Aber: Dem entzieht er sich. Nein, ihr sprecht – und streitet und verachtet und mordet – nicht in meinem Namen, ihr kennt mich nicht. Bin ich nicht ein Gott, der – euch – ferne ist? Doch, das bin ich!

Ein anderes ist: Ein ferner, fremder Gott – kennt Fremdheit. Ende des Jahres 2021 waren über 27 Millionen Menschen auf der Flucht vor Krieg und Bürgerkrieg, Armut und Hunger, religiöser oder politischer Verfolgung, Naturkatastrophen und den Folgen des Klimawandels – als Binnenflüchtlinge oder solche, die ihr Glück in Nachbarländern oder anderswo versuchten.

Braune kleine Turnschuhe, eine blaue halblange Hose und ein leuchtend rotes T-Shirt, die Haare nass, dunkelbraun, fast schwarz, der Junge, vielleicht fünf Jahre alt oder sechs, liegt auf dem Bauch, die rechte Wange auf dem grobkörnigen Sand am Saum des Meeres. Kein Urlaubsbild, nicht zum Spaß aufgenommen, der kleine Junge ist tot, ertrunken. Das Meer hat ihn an Land gespült. Passanten, Helfer und Helferinnen finden nur noch seine Leiche. Ob ihn eine Mutter, ein Onkel, ein Cousin wiedererkannt hat, als er oder sie die Fotografie in der Presse oder auf einem Bildschirm sah? Als er in die Fluten fiel, der kleine Junge – wie groß muss seine Angst gewesen sein, wie kalt das Wasser? Und um ihn herum andere, die um ihr Leben kämpften, jeder für sich.

Ein Flüchtling, Ahmad, kaum in Deutschland angekommen, hofft auf etwas Durchatmen, etwas Gastfreundschaft, damit die inneren und die äußeren Wunden heilen können. Er versteht die fremde Sprache nicht, etwas Englisch kann er radebrechen, aber das hat ihm kaum geholfen. An einem Grenzzaun wäre er fast gescheitert, Grenzposten versuchten, ihn zurückzudrängen; Ahmad konnte sich durch eine Lücke retten, die sich in der Menge plötzlich auftat. Es gibt keinen Kontakt zur Familie zuhause, seine Frau und die beiden Mädchen warten auf ein Zeichen von ihm – doch er hatte schon tagelang keine Gelegenheit, das Mobiltelefon zu laden. Spät abends kommt der Bus, in dem er sitzt und etwas geschlafen hat, in einem kleinen Ort an; er wird erwartet. Vielleicht hundert Menschen, Männer und Frauen, drängen sich um das Gefährt, drohen mit Fäusten, haben Wut in den Gesichtern. Sie schreien etwas, das nicht freundlich klingt.

Safiya ist schon Wochen unterwegs, eigentlich irrt sie umher, Tag und Nacht. Wohin sie sich auch wendet, hier im Sudan, überall herrschen Dürre und Krieg. Auf dem Kopf trägt sie ein paar Habseligkeiten, in den Armen die Tochter: Binta. An Binta trägt sie nicht schwer, sie ist krank, dünn, hungrig, ihr Gesicht sieht aus wie das einer alten Frau, ihre Augen schauen ausdruckslos. Safiya hat kaum noch Kraft, gegessen hat sie seit zwei Tagen nicht, etwas Wasser, aber sehr wenig, ist noch da. Sie gesteht es sich nicht ein, aber wenn sie nicht bald einen Ort findet, wo sie ausruhen kann, etwas Schatten hat und wo es eine Mahlzeit für sie gibt und Medikamente, dann werden sie beide sterben. Dennoch, sie schleppt sich weiter, um Bintas willen gibt sie noch nicht auf. Zum Beten, Rufen, Weinen ist sie zu erschöpft. Und sie weiß nicht, wohin sie gehen soll.

Wir haben viele solcher Bilder im Kopf, in den Nachrichten begegnen sie uns täglich auf allen Kanälen. Gott, meine ich, müsste die auch sehen, besser als wir, die wir dieses Elend, diese Schrecken fast nur medial vermittelt kennen. Die, die mir hier vor Augen stehen, sind drei von vielen Millionen, die erschütternd viel zurücklassen: ihre Mütter und Väter, Geschwister und Großeltern, den Freund aus dem Nachbarhaus, die Mitschülerin, den Duft des gewohnten Essens, den herrlichen Blick über das Meer oder von den Bergen, den vertrauten Ton der Muttersprache, die Bluse, die sie gerne trugen, die Schuhe, die der Großvater schenkte, das knusprige Fladenbrot, die saftige Dattel, das vertraute Dach über dem Kopf und das Lachen der kleinen Schwester. Ich muss mir nur ausmalen, worauf ich auf keinen Fall verzichten wollte, schon weiß ich, was sie drangeben für eine kleine Hoffnung, dass alles oder wenigstens etwas besser werde. Sie verlassen alles, was ihnen Heimat (um das schwierige Wort einmal zu gebrauchen) bedeutet hat und tauschen es gegen eine Fremde, die ihnen nicht freundlich gesonnen ist. Ob es da eine Hilfe ist, ein Trost, eine Ermutigung, Gott als den zu denken, der (auch) in der Fremde wohnt?

Diese Frage kann ich nicht für andere beantworten, zumal nicht für Geflüchtete, deren Schicksal ich nicht teile. Aber festzuhalten ist wohl, dass Gott nicht nur der Gott bestimmter Heimatländer ist, weder morgen- noch abendländischer, er, der Fremde, ist auch immer genau dort, wo Menschen als Fremde in die Fremde kommen. Und dort ist er mit seiner Solidarität und seinen offenen Armen. Mag sein, dass uns die Fremden fremd sind, ihm, dem Fremden, sind sie es nicht. Er ist einer von ihnen. Doch woran merken sie es?

Ich verstehe diese Frage als Aufgabe. Im Gleichnis vom großen Weltgericht, im Evangelium des Matthäus (Kapitel 25, Verse 31-40), spricht Gott (der »König«) die gerechten Jünger/innen an und stellt fest: »Kommt her, ihr Gesegneten, ererbt das Reich, denn … ich bin hungrig gewesen und ihr habt mir zu essen gegeben. Ich bin durstig gewesen und ihr habt mir zu trinken gegeben. Ich bin ein Fremder gewesen und ihr habt mich aufgenommen.« Als die vor dem Thron Versammelten nicht wissen, wo Gott ihnen denn als Hungriger, Durstiger, Fremder begegnet sei, antwortet er: »Was ihr einem von diesen meinen geringsten Geschwistern getan habt, das habt ihr mir getan.« Gott identifiziert sich mit den Fremden – darum öffnet sich, wer Gottes Nähe sucht, den Fremden und der Fremde. Wir könnten Gott begegnen dabei – und Geflüchtete erleben, dass Gott (wie immer sie ihn glauben) in der Fremde an ihrer Seite ist.

Doch Fremde: Sind uns fremd. Tragen andere Kleidung, kochen andere Speisen, haben eine andere Vorstellung von Pünktlichkeit und Gastfreundschaft, hören andere Musik, lachen über einen Humor, der uns nicht immer zugänglich ist, sprechen eine andere Sprache, ein Englisch, das wir in der Schule nicht gelernt haben. Kann anstrengend sein, sie nicht nur willkommen zu heißen, sondern mit ihnen zu leben. Mit dem fremden Gott ist das nicht anders. Er befremdet. Er stellt unsere gewohnten Gottesbilder – mögen sie noch so hübsch menschenfreundlich gezeichnet sein – in Frage.

Kann anstrengend sein! Denke ich ihn mir mit guter Miene, einem Lächeln auf den Lippen, waltend mit sanfter Hand, dann zieht er plötzlich die Stirn kraus und schaut streng drein. Glaub ich ihn zärtlich und nah und dass er Anteil nimmt an meinen Wunden, entzieht er sich und wirkt gleichgültig und kalt. Stelle ich mir vor, wie er zugewandt und verständnisvoll Fehler zugesteht und Schuld vergibt, verhärtet er sich und stellt er mich vor Herausforderungen. Gott befremdet, indem er partout nicht meinem Bild entspricht. Trete ich dann noch mit Menschen anderer Konfessionen und anderen Glaubens in den Dialog, komme ich restlos an meine Grenzen. Wie fremd schaut er herüber, in der orthodoxen Liturgie, der religiösen Kompromisslosigkeit des Korans, der Emotionslosigkeit des Buddhismus, dem kreativen Chaos des Hinduismus. Bisweilen fühle ich mich überfordert.

Doch wie gut auch, dass Gott uns befremdet. Der fremde Gott verhindert Festlegungen, er verweigert die Erstarrung meines Denkens und Glaubens. Er ist für Überraschungen gut. Ich halte es für heilsam und weiterführend, wenn meine Gottesbilder ab und an ins Schlingern geraten. Wenn ich mir nicht sicher sein kann, sondern immer wieder einmal neu zu denken und zu glauben versuchen muss. Um es salopp zu sagen: Das hält unsere Beziehung lebendig.

Dass Gott nicht einfach in meinen Bildern von ihm aufgeht, das ist die eine Erkenntnis, die religionskritische gleichsam. Die andere ist: Gott gibt mir immer wieder Anlass zur Neugierde, er lockt mich durch sein fremdes Gesicht aus den allzu vertrauten Vorstellungen heraus, er wirbt darum, dass ich meine Bilder und Gedanken überprüfe, neu ordne, freimütig über den Haufen werfe und Neues wage. Dann habe ich zugegebenermaßen meinen Glauben nicht in der Tasche, ich besitze ihn nicht. Er bleibt ein vages Gut. Doch es ist wie mit der Liebe zwischen zweien: Sie bleiben einander interessant, wenn sich immer wieder ein wenig Fremdheit in die Partner/innenschaft mischt, wenn sich die beiden ab und an überraschen und sie verblüfft merken: »Ach, du bist der Mensch, den ich liebe«. Anstrengend, herausfordernd, eine stetige Aufgabe mag das sein, aber wie aufregend und erhellend die Erkenntnis mitten am Tage: »Ach, du bist der Gott, den ich liebe.«

Gottes Befremdlichkeit ermöglicht neue Perspektiven, öffnet den Horizont über meine begrenzte Sicht hinaus. Dann gibt es keinen zeit- und beziehungslosen Kanon gesicherter Gotteserkenntnis, dann trage ich für meine Glaubensvorstellungen, -entdeckungen und -erkenntnisse Verantwortung: Die Verantwortung, sie immer wieder einmal zu überprüfen und bereit zu sein, mich eines Neuen, eines Besseren vielleicht sogar, belehren zu lassen. Der fremde Gott spricht mich herausfordernd an: in manchem Wort aus der Bibel, das mir nicht in den gütlichen Kram passt (Psalm 139: »Wie schwer sind für mich, Gott, deine Gedanken!«); in einem Gedicht, einem Stück Literatur, das traditionelle Gottesbilder auf den Kopf stellt (Rilke: »Wen soll ich rufen, wenn nicht den, der dunkel ist und nächtiger als Nacht.«), in einem Satz aus einer anderen religiösen Tradition, der um mich wirbt (Koran: »Wir haben ja den Menschen erschaffen und wissen, was ihm seine Seele einflüstert, und Wir sind ihm doch näher als seine Halsschlagader.«).

Eine dieser ausgezeichneten und aufmerksamen Krankenschwestern, die mich pflegten, war Mercy. Sie war, um sich beruflich weiterzuentwickeln, vor wenigen Jahren aus Ghana eingewandert und machte ihre Arbeit – auch wenn das abgedroschen klingt, bei ihr stimmte es – mit Herzblut. Ich habe sie nicht anders als mit einem Strahlen im Gesicht gesehen. D.h.: Einmal nicht. Mercy vermisste ihre Familie so, dass es ihr wehtat – sie hatte wohl fast täglich Videokontakt mit ihrer Mutter und den beiden jüngeren Schwestern. Eine große Hilfe war ihr eine zahlenmäßig überschaubare, afrikanische Gemeinde, die sich in einer gastfreundlichen Kirche traf, ein- oder zweimal im Monat, wo Mercy ihr eigenes Englisch und ab und zu sogar ihre heimatliche Sprache sprechen konnte. Es muss eine sehr zusammengewürfelte, kleine und vor allem tendenziell evangelikale oder fundamentalistische Gemeinschaft gewesen sein (oder ist es noch, wie ich um Mercys willen hoffe). So religiös Mercy sich selbst verstanden hat (und ihre Arbeit als gottgefälligen Dienst), so scheu war sie mir, dem Pfarrer, gegenüber doch. Wir sprachen nur selten über Gott, eher über unsere unterschiedlichen Kulturen, ihre Wahrnehmung unserer bundesdeutschen Gesellschaft, ihre

Gemeinde und was sie ihr bedeutete. Von mir persönlich, insbesondere von meinem Glauben, meiner pastoralen Tätigkeit wollte sie wenig wissen. Eines Abends – Mercy hatte Spätschicht und machte vor der Übergabe an die Nachtschicht noch einmal ihre Runde – sprach sie mich doch an: »Thomas, ich verstehe nicht, dass ein so gläubiger Mensch wie du so leiden muss. Was hast du falsch gemacht? Gott belohnt doch die, die aufrichtig an ihn glauben und ihm dienen. Bist du kein guter Diener des Herrn?« Ich kannte Mercys Direktheit bereits, dennoch war ich erst einmal sehr verblüfft. Ihre Frage forderte mich heraus: Bin ich kein guter »Diener des Herrn«? Nach kurzem Bedenken war meine Antwort, dass ich mich nicht als Diener verstehe, und dass Gott vielleicht gar nicht immer seine Finger im Spiel hat, wenn es Menschen schlecht ergeht. Vielleicht bin ich auch einfach nur krank und vielleicht ist sie einfach nur der richtige Mensch zur richtigen Zeit am richtigen Ort. Dort, wo sie gebraucht wird, mit ihren Fähigkeiten, die ich gerade brauche. Wir waren beide irritiert: Ich über ihre herausfordernde Frage, die mich nötigte, meine Krankheit ins Verhältnis zu meinem Glauben und meiner beruflichen Lebensentscheidung zu setzen; Mercy, indem sie hören musste, dass andere, die sich mit gutem Recht Christ/innen nennen, andere Vorstellungen hegten und andere Erkenntnisse anboten. »Darüber muss ich nachdenken! Ich spreche mit meiner Gemeinde darüber«, sagte Mercy. Ich bin sicher, dass sie es sich da nicht leicht gemacht hat.

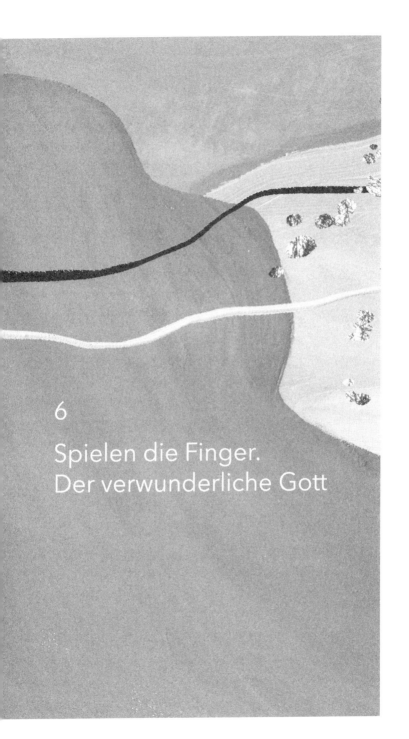

6

Spielen die Finger.
Der verwunderliche Gott

harfenzauber

auf diessaiten
spielen
die finger
wie aus
jensaiten
silberts

(Kurt Marti)

Gott sei, heißt es, für Wunder zuständig. Ich zweifle: Braucht es denn Wunder?

Als ich nach einem guten Dreivierteljahr aus der Klinik – mit Operation, Krebstherapie, Beatmung und Intensivpflege – und der Rehabilitation nach Hause zurückkehrte, noch im Rollstuhl, stellten sich bald die guten Freund/innen ein, die mich sehen mochten, die zur Rückkunft gratulieren wollten, die sich freuten, mich wieder zu treffen, nachdem sie über Monate allein durch meine Frau Kenntnis von meiner Lage erhalten hatten. Sie hatten von Herzen Anteil genommen, hier und da geholfen, mit einer Gefälligkeit, einer Fahrt in die Klinik, einer Kunstkarte mit guten Wünschen – sie waren sehr, sehr froh, mich wiederzusehen. »Es ist wirklich ein Wunder, dass du wieder da bist!«, sagte der eine oder die andere mit ehrlichem Enthusiasmus.

Mich hat ihre Freude berührt, manchmal zu Tränen gerührt, aber das Wort »Wunder« mag ich für mich nicht gelten lassen. »Wunder« ist eine sehr ungerechte Kategorie!

Warum sollte mir ein Wunder widerfahren, dem jüngeren Leidensgenossen im Bett neben mir aber nicht? Ich wüsste nicht, womit ich es verdient hätte, er aber nicht! Und übersieht das Wunder nicht, wer mir tatsächlich geholfen hat? Ich lebe noch, weil meine Frau mich liebevoll und unter großen Anstrengungen begleitet hat, meine Söhne zu mir standen, mich besuchten, sobald das ging, und ihrer Mutter unter die Arme griffen, weil die Pflegenden aufmerksam und geduldig waren (und ich war nicht immer ein angenehmer, freundlicher Patient), weil die Ärzt/innen die richtigen Entscheidungen trafen (obwohl sie nicht immer ganz sicher sein konnten, wie mir zu helfen wäre), und weil die Freundinnen und Freunde ein Netz der Zuwendung spannten, in das ich mich fallen lassen konnte: Eine befreundete katholische Schwester sang in der Kirche ihrer Abtei jeden Abend »Der Mond ist aufgegangen« für mich (»... und lass uns ruhig schlafen. Und unsern kranken Nachbarn auch«), eine Cellistin spielte jeden Tag eine der Cello-Suiten von Johann Sebastian Bach, andere beteten oder dachten mit guten Gedanken an mich, hofften an meiner Statt. Ich habe Lied und Musik nie gehört, konnte die Gedanken und Wünsche nicht lesen – aber, dass ich darum wusste, trug mich. Ein Wunder? Nein, aber: beachtliche Arbeit, bemerkenswerte Zugewandtheit, nachhaltige Liebe – und keine und keiner von ihnen scheute den Umgang mit mir und meinem zerschundenen Leib, sie ertrugen meine Versehrtheit und setzen sich ihr aus.

Nach meinen Erfahrungen sage ich: Es braucht keine Wunder. Aber gewiss braucht es wunderbare Menschen, braucht es menschliche *Finger*, die unverdrossen auf den *diessaiten spielen* – und wenn es gut geht, *silberts* daraus, wird die Melodie lebendig und hilfreich.

Dann hat ein Gott, der Wunder wirkt, wohl ausgespielt? Was mir recht wäre, denn ich würde mit der Willkür, mit der er Wunder verteilt, nicht einverstanden sein. Es ist doch nur schwer erklärbar, warum die einen verschont werden, die anderen Krieg und Katastrophen zum Opfer fallen, warum es die einen trifft, die anderen mit einem blauen Auge oder ganz und gar heil davonkommen. Was sagt der Glaube an Wunder über einen Gott aus, der Wohl und Wehe zumisst? Was sind seine Kriterien? Die moralische Güte eines Menschen, seine unerschütterliche Frömmigkeit, seine Herkunft oder kulturelle Identität? Gottes Maßstäbe sind nicht durchschaubar, soweit das menschlich zu beurteilen ist, hält er sich auch nicht daran. Die Fromme trifft es wie die Spötterin, den Tugendhaften wie den Verderbten. Im 73. Psalm (einem Dichter und Beter namens Asaf zugeschrieben) verzweifelt einer schier, als er sieht, »dass es den Gottlosen so gut ging«, und er fragt, nicht ohne Empörung: »Soll es denn umsonst gewesen sein, dass ich mein Herz rein hielt und meine Hände in Unschuld wasche?« Ja, es ist offensichtlich umsonst, der Reine und die Unschuldige kommen nicht besser davon als die »Gottlosen«, im Gegenteil: » …die sind glücklich in der Welt«. Der Gott, der Wunder tut, ist ein verwunderlicher Gott: Er hält sich nicht an unsere Ideen und Regeln von Gerechtigkeit und Verdienst; wer Wunder von ihm erwartet, wird mit großer Sicherheit enttäuscht.

Mein Widerstand gegen das Denken in Wundern (auch im eigenen Fall) wird ein wenig aufgeweicht, wenn ich mir die Formulierung, etwas sei »wie ein Wunder«, vor Augen führe. Durch das vergleichende »wie« wird das Wunder zum Gleichnis. Und das heißt insbesondere: Was da geschehen ist – die Rettung aus der Flut, die Bergung aus dem vom Erdbeben zerbrochenen Haus nach drei Tagen, die unerwartete Genesung von einer tödlichen Krankheit, das Verschont-Werden im Bombenhagel, der Schluck Wasser, das Stück Brot nach einer Wüstenwanderung durch Hitze und Dürre – das alles lässt sich als Wunder empfinden, aber nicht unbedingt auch als Wunder verstehen. So unerklärlich wie ein Wunder ist, was das Überleben sichert, die Existenz rettet. Das alles ist nicht verfügbar. Es kann nicht erklärt werden, es entzieht sich jeder Einsicht und Theorie. Anders gesagt: Der verwunderliche Gott hat keine Absichten, auf die ich ihn festlegen könnte, die ich nur verstehen müsste und schon würde mir einleuchten, warum es die eine hart trifft, der andere ungeschoren davonkommt. Gott handelt – wenn er es denn ist, der dies und das tut und wirkt – absichtslos; was nicht zwangsläufig heißt: willkürlich und unbedacht, schon gar nicht: sinnlos. Doch lässt er sich nicht festlegen.

Ist der verwunderliche Gott vielleicht ein spontaner Gott? In jedem Fall ist er, indem er ohne Absicht wirkt, einer, der Menschen nicht gebraucht, der nicht allwissend und allmächtig Schicksale zuteilt, der Menschen nicht einordnet in wertvoll und unwert und der dann entsprechend umgeht mit ihnen. Er hat keine Absichten mit uns in dem Sinne, dass er uns zu Objekten seines Weltenplanes macht, zu Spielfiguren in unserer je eigenen Lebensgeschichte und in der unserer Nahen und Nächsten. Gott hat nicht die Absicht, uns dieses oder jenes mitzuteilen durch unsere Rettung oder einen Schicksalsschlag. Gott – glaube ich, einer alten Formel entgegen – Gott »führt« nicht, und er »fügt« es nicht, so oder so nach einem festen, mehr oder weniger wohlwollenden Plan, zu Wehe oder zum Wohl. Ich denke mir Gott »spontan«.

Das aus dem Lateinischen stammende Wort »spontan« bedeutet (laut Herkunftswörterbuch): einem inneren Antrieb, einer Eingebung folgend, freiwillig und frei. Und das Hauptwort »Spontaneität«: Impulsivität, Selbstbestimmung, freie Willensäußerung. Auf Gott hin bedacht sind das bemerkenswerte Zuschreibungen: Gott ist frei, d.h. er unterliegt keinen Prinzipien, keinen Maßstäben, die ihn zu diesem oder jenem wunderbaren Handeln verpflichteten. Die Gottesbesserwisser, die ihn aus Schrift oder Erfahrung genau zu kennen vermeinen, glauben das durchaus – und halten Gott im Grunde also für berechenbar.

Gott folgt keinen objektiven Kriterien, aber einem »inneren Antrieb« – anders gesagt: nicht einem moralischen, liturgischen oder sonst wie gearteten Gesetz, sondern der Liebe. Er ist zugewandt, weil er zugewandt sein möchte; sein Antrieb: Er will bei den Menschen sein, er liebt seine Schöpfung (die findet er »sehr gut«!), er ist der – bisweilen solidarisch schweigsame – Freund an der Seite der Leidenden. Gott ist impulsiv: Er lässt sich bewegen, er teilt die Trauer, er ist zu Tränen gerührt, er lässt sich betreffen von dem, was uns trifft. Gott ist zu Gefühlen fähig, zu Überschwang und Verliebtheit, zu Verletztheit und Zorn, er lässt sich betrüben, er bereut (Leser/innen mögen nochmals an die Sintflut denken!), er lacht und kann ganz schön zufrieden sein mit sich selbst (darum gönnt er sich nach der Schöpfungswoche auch einen Ruhetag!). In alledem ist Gott selbstbestimmt, was er tut oder lässt, ereignet sich oder auch nicht, weil er es will – aus einem Willen heraus, der von Zugewandtheit und Liebe geprägt ist. Gottes verwunderliches Handeln ist nicht kategorisierbar, der Wunsch, es zu verstehen, scheitert schon daran, dass Gott nicht verstanden werden möchte, sein unverfügbares Wirken oder Lassen muss erlebt werden – und die Erfahrung selbst ist die einzige »Erklärung«. Und die ist aktuell – jetzt, im Augenblick, heute – und punktuell – hier, an diesem Ort. Sie erscheint zufällig, was sie, wegen der Liebe, mit der Gott uns bedenkt, in Wahrheit nicht ist.

7

Wie wenn die
Sonne sich verfinstert.
Der verschattete Gott

»So ist es«, sagte Bunam, »aber scheint es
Euch nicht seltsam, dass es Zeiten gibt, wo es
so aussieht, als ließe uns Gott immer tiefer in
den Dreck geraten und dächte nicht daran uns
herauszuholen?«
»Die Zeiten der großen Probe«, erwiderte der
»Jude«, »sind die der Gottesfinsternis. Wie wenn
die Sonne sich verfinstert, und wüsste man
nicht, dass sie da ist, würde man meinen, es
gäbe sie nicht mehr, so ist es in solchen Zeiten.
Das Antlitz Gottes ist uns verstellt, und es ist,
als müsste die Welt erkalten, der es nicht mehr
leuchtet …«

(Martin Buber, Gog und Magog)

Heute würde Martin Buber es vielleicht eine Nuance anders setzen, wenn seine Analyse auf die Gegenwart zutreffen müsste: Die Welt erkaltet nicht, sie überhitzt. Aber es stimmt: *Gott lässt uns immer tiefer in den Dreck geraten.* Dieser Eindruck lässt sich gewinnen. Es ist keine Frage, wer für den Klimawandel verantwortlich ist (übrigens nicht einfach »die Menschen«, sondern die westlichen, vornehmlich weißen Männer und Frauen, die ihren kapitalistischen Wohlstand dem Wohlergehen der Schöpfung und ihrer Mitmenschen vorgezogen haben), wer Kriege und Bürgerkriege anheizt, weil sich damit imperialistische Macht ausbauen und Geld verdienen lässt, wer Hütten und Häuser aus Gewinnstreben nicht so gebaut hat, dass die Wasserfluten und Erdbeben standhalten. Geht es um die Frage, wo so viel Unglück und Leid herrührt, werden wir uns an die eigene Nase fassen müssen – auch wir, die wir uns um gerechtere Strukturen bemühen, die wir das Unsere zu tun versuchen, um dem Klimawandel entgegenzuwirken, die wir die Gewalt im Nahen Osten, in der Ukraine, im östlichen Afrika oder in Klassenräumen in den USA mit Entsetzen sehen. Keine und keiner wird sich die Hände in Unschuld waschen können, so reinlich wir auch sind und gerne trennen, was andere falsch, wir aber – im Rahmen unserer Möglichkeiten – richtig machen.

Mich belastet das sehr: dieses Gefühl, besser: diese Erkenntnis grundsätzlicher Ohnmacht. »Was kann ich schon tun?« Diese Frage dient ab und an dazu, sich zu entschuldigen: »Meine Macht, meine Kraft ist ja doch leider viel zu klein, um noch einen Eisbären zu retten, das restlose Abschmelzen der Alpengletscher zu verhindern, dem Autokraten in Russland in den gewalttätigen, menschenverachtenden Arm zu fallen – warum sollte ich es dann erst versuchen.« Abgesehen davon, dass wir Ziele auch kleiner, überschaubarer und handhabbarer stecken könnten: Der Eindruck der Ohnmacht bleibt. Und er vertieft sich noch und lähmt mich, wenn ich mich in der Verantwortung fühle, doch etwas zu tun, weil ich Humanist/in bin, Philanthrop/in oder Christ/in bin, wenn ich die Schöpfungsverantwortung spüre, den Garten Eden »zu bebauen und zu bewahren«, wenn mir misshandelte Kinder einfach leidtun, wenn ich um den Fortbestand der Regenwälder fürchte und ich schreiende Ungerechtigkeit in Armenhäusern und Townships kaum ertrage.

Gott erträgt das wohl ganz gut. Die flehentliche Bitte: »Ach Gott, vom Himmel sieh darein und lass dich des erbarmen …« (Evangelisches Gesangbuch, Lied Nr. 273) überhört er geflissentlich. In Martin Bubers »chassidischer Chronik« stellen sich die Frommen, die »Chassidim«, dieselbe Frage, die uns bewegt: Wo ist Gott eigentlich, warum ist von ihm nichts zu sehen, zu merken, zu hören? Dabei antwortet Buber nicht, was denkbar wäre, atheistisch: Gott gibt es nicht. Dass er nicht wirkt und nichts be-wirkt, ist der Beweis, dass er gar nicht existiert.

Für Buber, für die Chassidim und ihre Rabbiner, für Christ/
innen, Musliminnen und Muslime ist die Nicht-Existenz
Gottes undenkbar. Er existiert nicht nicht, er ist aber nicht
zu sehen. So wie die Sonne nicht fort ist, wenn eine Sonnenfinsternis eintritt – sie ist jedoch nicht in derselben Weise
wahrzunehmen, wie wir es gewohnt sind (und uns dabei
die Augen verdürben).

Ich gehe dem Gleichnis von der Sonnenfinsternis etwas
nach. Es trägt mehr aus, als Martin Bubers Metaphorik zu
verstehen gibt. Tatsächlich ist es bei einer Sonnenfinsternis
(die letzte »totale Sonnenfinsternis« in Deutschland konnte
am 11. August 1999 beobachtet werden – es war ein großes Ereignis!) nie wirklich ganz finster, der Tag wird in ein
unwirkliches, dämmeriges Licht getaucht, aber nicht in völlige Dunkelheit. Der Schatten des Mondes kann – mit wohl
geschützten Augen – vor dem Sonnenball gesehen werden,
er wandert in höchstens sieben Minuten (scheinbar) über
unser Zentralgestirn (1999 waren es in Deutschland tatsächlich nur zweieinhalb Minuten). Die »Gottesfinsternis«,
die die Chassidim beklagen und zu begreifen suchen, währt
freilich schon Jahrhunderte, was sag ich: Jahrtausende!
Darum stimmt das Bild von der totalen Verfinsterung der
Sonne nicht völlig. Richtig ist: Das Licht der Sonne wird
von einem in seinen Ausmaßen unvorstellbaren Schatten
überlagert, aber die Sonne bleibt sichtbar. In Wahrheit ist es
ja auch nicht die Sonne, die an Strahlkraft einbüßt, es ist die

Erde, die im Schlagschatten des Mondes liegt. Der Stern in der Mitte unseres Sonnensystems bleibt, wo und wie er ist; auf die Erde fällt ein Schatten. Es ist dieser Schatten, unter dem wir – im Bilde gesprochen – leiden, der die Fragen nach Gott und seiner Wirksamkeit aufwirft.

Ich spreche lieber von der »Gottesverschattung« als von der Gottesfinsternis. Auch deshalb, weil im Bild der Verschattung Gott nicht völlig verdunkelt und aus dem Blick gerät. Wo Schatten ist, muss auch Licht sein. Das Wort »Finsternis« behauptet, dass da gar kein Licht, kein Glanz, kein noch so kleiner Strahl mehr sei. Der verschattete Gott aber bleibt ein irgendwie vorhandener, ein dennoch gegenwärtiger Gott, allerdings in Grau und Dämmer getaucht, farblos manchmal und im Zwielicht kaum auszumachen. Doch da ist noch Hoffnung, da findet sich noch Trost, da gelten noch seine Herausforderungen, da fühle ich noch Sehnsucht und manche/r macht noch Erfahrungen mit ihm, die jede/r allerdings nur für sich selbst reklamieren kann.

Freilich soll nicht bestritten werden, dass es Erfahrungen völliger Gottesverfinsterung gibt; ich kann mir die Sicht auf Gott in einem Vernichtungslager der Nazis nicht anders vorstellen. »Mein Auge ist dunkel geworden vor Gram«, klagt der leidende Hiob und ist vor Schmerz, Enttäuschung und Verzweiflung mit Blindheit geschlagen. Er sieht den Gott, der ihm wohltat, nicht mehr. Die Verfinsterung des

Augenlichtes geht mit der Verdunkelung Gottes einher. Diese lichtlosen Erfahrungen stehen für sich und dürfen nicht beurteilt werden. Ich wage lediglich den Satz (vielleicht aus Sehnsucht geboren), dass, wenn ich Gott nicht mehr sehe, wenn es keinen »Lichtstreif von Hoffnung« am Horizont mehr gibt, daraus nicht konsequent folgt, dass Gott nicht gegenwärtig und wirksam ist. Das ist eine Vermutung, nicht mehr, eine, die mich persönlich ermutigt, auch gegen den verschatteten Augenschein.

Eine der ganz eindrücklichen Gottesschatten-Geschichten der Bibel ist die vom Kampf Jakobs am Jabbok (1. Buch Mose, Kapitel 32, die Verse 23-33).

Jakob, der sprichwörtlich und buchstäblich seine Schäfchen ins Trockene geholt hat, der mit Lüge und List ein reicher Mann geworden ist, freilich im Ausland, bereitet sich darauf vor, seinem daheimgebliebenen Bruder Esau zu begegnen. Nach vielen Jahren, Jakobs Haupt setzt schon ein paar graue Haare an, und er fürchtet, dass Esau der wilde Kerl geblieben ist, der er war – und den er um sein Erstgeburtsrecht, um den Segen des Vaters Isaak, betrogen hat. Das war damals keine Kleinigkeit. Darum floh Jakob vor seinem zu Recht zornigen Bruder, er musste um sein Leben bangen. Und tut es noch. Aber der Wunsch, nach Palästina, ins Gelobte Land zurückzukehren, ist doch mächtig. Jakob wagt es. Und baut kurz vor dem Wiedertreffen schon einmal vor: Er schickt Esau von seinem Reichtum an Ziegen, Böcken, Schafen, Rindern, Kamelen (Jakob hat es wirklich zu etwas gebracht!) einen erklecklichen Anteil voraus, lässt sich dabei nicht lumpen und hofft, den Bruder gütlich zu stimmen. Wie sich herausstellt: mit Erfolg.

Bevor die beiden (und ihre Frauen, Männer und Kinder und etliches Viehzeug) aufeinandertreffen, macht Jakob aber eine erschütternde Gotteserfahrung. In der Nacht vor der Wiederverbrüderung bringt Jakob seine Familie über den Fluss, den Jabbok, der ihn von seiner alten Heimat trennt, bleibt aber diesseits des Ufers zurück. Die Bibel erzählt's lapidar: »Da rang einer mit ihm, bis die Morgenröte anbrach.« Dieser »eine« wird identifiziert, als Jakob nicht von ihm lässt und diesem »einen« das Licht des neuen Tages offensichtlich unangenehm ist: Gott ist es, mit dem Jakob kämpft, Gott, der gerne im nächtlichen Dunkel bleibt. Erst, als Gott den Jakob segnet (»Ich lasse dich nicht, du segnest mich denn!«), gibt Jakob ihn frei. Und erhält einen neuen Namen, einen »Kampfnamen« im wörtlichen Sinne: »Du sollst nicht mehr Jakob heißen, sondern Israel; denn du hast mit Gott und mit Menschen gekämpft und hast gewonnen.« Es ist eine große Geschichte, die Jakob da widerfährt, aber er trägt auch seine Blessuren davon: Seither hinkt Jakob »an seiner Hüfte«. Hinkend also geht er am nächsten Morgen über den Fluss, als er den Bruder begrüßt und besänftig vorfindet, großzügig auch, zieht Jakob ein Bein nach.

Bemerkenswert, dass Gott sich hier in einem Schatten wahrnehmbar macht, als ein Schatten in der Nacht, die so viele Schatten, so viele Nuancen von Grau kennt. Zunächst erkennt Jakob nicht, wer ihn da angeht, wer sich ihm in den Weg stellt und ihn zum Streit fordert. Er fühlt sich angegriffen, von einer unbekannten Macht, die erst im Segen und in der Verheißung, die mit dem neuen Namen »Israel« verbunden ist, ein Gesicht bekommt. Jakob wehrt sich – und es entspinnt sich ein Kampf auf Augenhöhe. Gott ist hier nicht allmächtig, nicht der Stärkste der Starken, er muss sogar fürchten, von Jakob übermannt und besiegt zu werden. Immerhin entsteht ein Patt, Gott muss den Jakob bitten: »Lass mich gehen, es wird schon hell!« Und Jakob – darin geübt, seinen Vorteil zu suchen und die Gelegenheiten, die sich bieten, zu nutzen – stellt eine Forderung, die ihm Gott in seiner Not auch erfüllt: Er segnet seinen menschlichen Kontrahenten. Segen ist den »Vätergeschichten« der Bibel sehr viel mehr als ein freundliches Handauflegen mit ein paar guten Worten obendrein, Segen wirkt elementar: Lebendigkeit, Fruchtbarkeit, Wohlergehen.

Mich fasziniert an dieser Erzählung, dass dieser Schatten, dem Jakob begegnet und der ihm alle Mühe macht, so zukunftsträchtig ist. Vertraute Gottesbilder – von Gottes Kraft, seiner Souveränität, seiner Übermacht über alles Menschliche – kommen darin nicht vor. Gott ist im Dunkel der Nacht viel eher zuhause als im Licht des Tages, er lebt an Flüssen und auf Straßen offensichtlich lieber als auf einem himmlischen Thron, und er hat nicht alles Recht auf seiner Seite, sondern muss einem Menschen, der es ernst meint im Streit mit Gott, Zugeständnisse machen. Der verschattete Gott, kaum zu begreifen und kaum zu erkennen, ist also: menschennah, erdverbunden, er bringt sich ins Spiel, handgreiflich bisweilen. Genau den, diesen nicht ganz eindeutigen Gegner dieser Nacht, erkennt Jakob als seinen Gott: »Ich habe Gott von Angesicht gesehen!«, stellt er fest und gibt dem Ort am Flussufer, da er kämpfte und auf seine Weise Zukunft gewann, einen einschlägigen Namen »Pnuël«, »Angesicht Gottes«. Wie menschlich es ist, das Gesicht des verschatteten Gottes!

Er macht Mühe, dieser Gott, die Erfahrungen mit ihm können verletzend sein, es bleiben Blessuren, wenn ich ihm begegne – aber zugleich tut sich Zukunft auf – neue Namen werden laut –, zugleich bin ich geachtet bei ihm, indem er mich nicht an der Hand nimmt und leitet, wie es ihm gefällt, sondern mich zum Partner macht, zum Sparringspartner sogar. Welch eine Achtung muss er vor uns Menschen haben!

»Wen soll ich rufen, wenn nicht *den*, / der dunkel ist und nächtiger als Nacht …«, fragt Rainer Maria Rilke in einem seiner schönsten Gedichte im »Stunden-Buch«. Der Verschattete kennt unsere Schatten und Dunkelheiten, wir sind ihm nicht fremd.

8

Wieder da.
Der verwegene Gott

an gott

daß an gott geglaubt einstens er habe
fürwahr er das könne nicht sagen
es sei einfach gewesen gott da
und dann nicht mehr gewesen gott da
und dazwischen sei gar nichts gewesen
jetzt aber er müßte sich plagen
wenn jetzt an gott glauben er wollte
garantieren für ihn könnte niemand
indes vielleicht eines tages
werde einfach gott wieder da sein
und gar nichts gewesen dazwischen

(Ernst Jandl)

Das mag Ihnen schon einmal aufgefallen sein: Die Bibel ist ein Wege-Buch. Da wird ausgezogen und aufgebrochen, gewandert, da werden Wege bereitet, es wird gelaufen und gereist. Eva und Adam verlassen das Paradies (nicht ganz freiwillig); Abraham verlässt seine Heimat Ur (freiwillig, aber ohne Plan) und macht sich auf in ein Land, das er nicht kennt und das Gott ihm erst noch zeigen muss, in dem er als Nomade leben wird; Jakob, der Schlingel, siedelt über zu seinem Anverwandten und kehrt nach Jahren (und bereichert) zurück; Joseph wird nach Ägypten verschleppt; das Volk Israel zieht von dort aus ins Gelobte Land – die Wanderung dauert vierzig Jahre –; David ist, bevor er König wird, ein unsteter Geselle und muss, als Absalom ihm den Thron streitig macht, aus Jerusalem fliehen; später wird die Oberschicht Israels nach Babylon gezwungen – ein weiter trauriger Weg –; Jona begibt sich auf die Flucht und landet im Magen eines Fisches, wird weit fort wieder ausgespien; Jesus wandert über die Straßen Palästinas und hat keinen Ort, »wo er sein Haupt hinlege« (Matthäusevangelium, Kapitel 8, Vers 22), geht am Ende gepeinigt auf der Via Dolorosa; Paulus und die anderen Apostel/innen reisen um die halbe Welt, um die Botschaft zu verkünden. Viele, unzählig viele und lange, lange Wege sind da gemacht worden.

Der Weg ist in der christlichen Tradition ein Sinnbild für das menschliche Leben selbst: »Ein Tag, der sagt dem andern, / mein Leben sei ein Wandern / zur großen Ewigkeit …«

(Gerhard Teerstegen, 1697-1769). Dabei wird eine Ahnung vermittelt: Das Leben fließt nicht einfach gemächlich vor sich hin wie ein sanfter Fluss, es ist nicht mühelos und allzeit fröhlich zu gehen wie ein geebneter Weg. Das Leben hat etwas Unstetes, der Wege gibt es viele, und der Mensch kann auf Wüstenwanderungen Durst bekommen, an Wegkreuzungen verwirrt sein und verzweifeln, manche Strecke wird zur Sackgasse und auf langen oder steilen Wegen kann der Mensch außer Atem geraten:

»Der Port naht mehr und mehr sich zu der Glieder Kahn. | Gleich wie dies Licht verfiel, so wird in wenig Jahren | Ich, du, und was man hat, und was man sieht, hinfahren. | Dies Leben kömmt mir vor als eine Rennebahn«, dichtete Andreas Gryphius (1616-1664), und sein Gebet war: »Lass, höchster Gott, mich doch nicht auf dem Laufplatz gleiten.«

Der Erfahrung des menschlichen Lebens als eine Ansammlung, eine Abfolge von Wegen entspricht das Bild von Gott als einem Gott des Weges. Gott ist es, der »den Weg zum Leben« kennt, der Wege eröffnet (etwa den durchs Rote Meer, als das Volk Israel vor den Truppen des Pharaos floh), der mit seinem Volk wandert, des Tags als Wolkensäule, des Nachts als Feuer, der »zum frischen Wasser« führt und »auf rechter Straße« – und dessen Wege »unerforschlich« sind.

Habe ich Gott erlebt auf meinem Weg durch die Krankheiten? Macht der unbegleitete Jugendliche, der über das Meer oder über die Balkanroute nach Europa flieht, der abgrundtief einsam ist, viel zu jung für einen solchen Weg und abhängig von verbrecherischen Schleusern, eine Gotteserfahrung? Aus dem Koma wieder erwacht und nach Wochen auf der Intensivstation musste ich wieder gehen lernen. Habe ich da etwas entdeckt davon, dass es »von dem Herrn kommt ..., wenn eines Mannes Schritte fest werden« (Psalm 37, Vers 23)? Ich glaube es nicht, jedenfalls nicht so, dass ich Gottes Gegenwart und Hilfe hätte festmachen können an bestimmten Ereignissen und Zufällen. Fühlt sich der philippinische Wanderarbeiter, der für Hungerlohn und bei schlechter Versorgung am Bau der Fußballstadien Katars mitgeschuftet hat, von Gott begleitet und gesehen? Und wenn ein Leben endet, wenn ein zum Tode schwach gewordener Mann nur noch im Bett liegen kann und sich seiner Schritte gar nicht mehr erinnert, weil die Demenz ihm das Gedächtnis raubt, ist Gott dann noch immer dabei, führt er dann »zur großen Ewigkeit«, von der Gerhard Tersteegen sang? Mir will eines der beliebtesten und meistgesungenen Lieder von Paul Gerhardt nicht mehr ganz schwungvoll von den Lippen: »Befiehl du deine Wege / und was dein Herze kränkt, / der allertreusten Pflege, / des der den Himmel lenkt. / Der Wolken, Luft und Winden / gibt Wege, Lauf und Bahn, / der wird auch Wege finden, / da dein Fuß gehen kann.« In der vierten Strophe heißt es sehr zuversichtlich: »Weg hast du allerwegen, / an Mitteln fehlt dir's nicht, / dein Tun ist lauter Segen, / dein Gang ist lauter Licht, / dein Werk kann niemand hindern, / dein Arbeit darf nicht ruhn, /

wenn du, was deinen Kindern / ersprießlich ist, willst tun.«
Dass da »lauter Licht« sei – das haben Sie weiter oben bereits gelesen –, erschließt sich mir nur schwer; das Gefühl der Einsamkeit, die Einsicht in die Notwendigkeit, die eigenen Schritte selbst gehen zu müssen, alle Kraft für den Weg selbst aufbringen zu sollen, liegen näher.

Ist Gott ein Gott des Weges, genauer: unserer Wege? Der Wege auch durch Leid und Schmerz hindurch? Ich glaube, er ist es auf besondere Weise: Gott ist ein verwegener Gott!

Ist eine/r verwegen, dann ist sie oder er »(toll)kühn, draufgängerisch, dreist« – Eigenschaften, die wir landläufig Gott nicht gleich zuschreiben würden. Aber ich will sie für den Moment, versuchsweise, gelten lassen. Ein Draufgänger, eine Kühne, die riskieren etwas. Die setzen sich selbst für das ein, was ihnen wichtig genug erscheint, für das sie sich stark machen. Wieviel Gott seiner Liebe wegen, um der Menschen und der Schöpfung willen, riskiert hat, lässt sich am Kreuz ablesen: sein Leben. Gott hat den Tod am eigenen Leib erfahren. Wir gehen in guter christlicher Frömmigkeit davon aus, dass die Kreuzigung eine abgemachte Sache war – und die Bibel gibt das auch vor, wenn sie eine Art »Heilsnotwendigkeit« behauptet. Jesus musste sterben, das haben Propheten vorangekündigt, das liegt in Gottes Heilsplan: »Der Menschensohn muss viel leiden und verworfen werden«, heißt es in den Leidensankündigungen, die die Evangelisten Jesus in den Mund legen – und daran führt kein Weg vorbei. Doch nehme ich die Passion Christi als menschliches Leiden und Sterben ernst, dann gehört zu ihr auch die Unmittelbarkeit der Schmerzen, die unvorhersehbare Not, das offene Ende. Dass der, der am Kreuz so elendig stirbt, wie Menschen sterben können, und dass der, der in ein dunkles trauriges Grab gelegt wird, aufersteht und Zukunft hat, liegt im Augenblick seines Todes und beim Abschied der drei Frauen von ihm im Ostergarten nicht auf der Hand. Gott riskiert alles!

Ich glaube: Weil er liebt. Eines der allereindrücklichsten Liebesgedichte stammt aus der Feder von Erich Fried (1921-1988): »Was es ist«, in dem der Dichter aufzeigt, dass die Liebe sich aussetzt: der Unvernunft, dem Unglück, dem Schmerz, der Angst, der Aussichtslosigkeit, der Lächerlichkeit, dem Leichtsinn, der Unmöglichkeit. Liebt er, so ist Gott tatsächlich ein verwegener, ein Gott, der sich selbst aufs Spiel setzt. Und zwar »frisch entschlossen«. So lautet die Bedeutung von Verwegenheit ihrem Ursprung im Mittelhochdeutschen nach; »sich verwegen« meinte: »sich frisch zu etwas entschließen« – da klingt etwas von der Unmittelbarkeit, der Spontaneität Gottes durch. Und zum Wort »Verwegenheit« gab es auch ein Verb: »sich wegen«, übersetzt: »die Richtung wohin nehmen, sich wohin bewegen«. Und das hat Gott ganz gewiss getan: Er bewegte (und bewegt sich) auf die Menschen und auf die Schöpfung zu. Und lässt sich ganz und gar auf sie ein, ohne Rückhalt, ohne doppelten Boden, wie ein Liebender, eine Liebende das tun. Das Kreuz ist kein abgekartetes Spiel, dessen Ausgang gewiss wäre.

Ein in seiner Liebe verwegener Gott. Ich bleibe noch beim Bild des Weges, das in der Geschichte der christlichen Spiritualität und ihrer poetisch-theologischen Bildsprache einen festen Ort gefunden hat. Wenn es um Lebenswege geht, geht es auch um: Gottes Führung, Gottes Geleit, Gottes Wegweisung, um gute und böse Wege, um Wegzehrung, um breite und schmale Wege. Auf meinem ganz persönlichen Leidensweg ist mir Gott nicht begegnet als einer, der mich führte, der mir Orientierung gab, der mich bei der Hand nahm und der es mich an nichts mangeln ließ (Psalm 23). Ich stelle das nüchtern fest: Es ist, was es ist.

Aber es war auch so, dass ich Menschen begegnet bin, die mich ermutigten, dass ich einen Traum hatte von meiner Gesundung, dass ein Kuss mich antrieb, wieder aufzustehen, wenn ich mich zu schwach fühlte, dass ein Gruß mich daran erinnerte, dass sich unter mir ein Netz breitet, von Liebenden und Freund/innen gespannt, das mich trägt, dass Ärzt/innen und Physiotherapeut/innen ihr Handwerk verstanden und Pfleger und Schwestern mich für meinen Eifer lobten, wenn ich ihn kaum noch aufbrachte, also habe ich wieder einen Schritt versucht. Ich habe davon schon gesprochen: Inmitten von Leid und Schmerz gab es Hilfreiches, Tragfähiges, Befreiendes, gab es Momente des Glücks.

So glaube ich nicht, dass Gott mich auf meinem Weg führt. Er hat keinen großen Plan, den er durchsetzt, in dem ich eine Marionette bin – von mir aus mir zugute, aber entmündigend ist diese Vorstellung doch. So glaube ich nicht, dass Gott dies und das »mit mir vorhat«, wie ich es als der fundamentalistische Christ, der ich einst war, gedacht habe. Ich müsste nur hinlauschen (vorzugsweise auf die Heilige Schrift) und bereit sein, Gottes Plan, Gottes Willen zu folgen. Heute denke ich, dass es doch wohl eher so ist, wie in der Josephsgeschichte, in der Gott so gut wie nicht vorkommt, als Handelnder nicht identifizierbar ist. Er lässt nur ab und zu träumen, aber auslegen muss Joseph die Nachtgesichte selbst. Am Ende seiner Tage sagt der greise Joseph aber zu seinen Brüdern, die ihm übel mitgespielt haben und denen er großmütig verzeiht: »Ihr gedachtet es böse mit mir zu machen, aber Gott gedachte es gut zu machen« (1. Buch Mose, 50. Kapitel, Vers 20).

Gott gedenkt es gut zu machen. Er hat mir Gutes zugedacht, der verwegen liebende Gott. Und immer mal wieder auf meinem Lebensweg oder auf meinen Gängen durch Schmerz und Not bekomme ich das zu fassen und zu spüren. Im Bild gesprochen: Gott ist ein Wegelagerer. Er duckt sich am Wegesrand, bleibt hinter den Hecken aus Zweifel und Mutlosigkeit, schaut hinter den Felsen hervor – er hat sich gut versteckt. Aber ab und zu – mag sein, wenn ich es am meisten brauche –, springt er aus der Deckung, »überfällt« er mich mit dem rechten Maß an Glück im Unglück, mit einem Trost, der mir die Kraft zurückgibt, mit einem Liebesbeweis, der mir den Mut wiederauffrischt und der mich am Leben festhalten lässt.

Der Wegelagerer Gott passt mich ab und streut mir ein paar Blumen hin oder reicht mir einen Bissen Brot und einen Trunk Wasser. Und wie Wegelagerer so sind (allerdings kenne ich – außer Gott – in Wahrheit keinen!): Er überrascht mich. Seine Überfälle sind nicht berechenbar. Sonst könnte ich mich ja wappnen mit etwas hochmütiger Ablehnung (Was willst du denn ausgerechnet jetzt, hättest du dich mal früher gezeigt!) oder unwirscher Erwartung (Na, das wird aber mal langsam Zeit!). Nein, Gott überrascht. Wie es Ernst Jandl für *vielleicht eines tages* vermutet, so kann es jeden Tag, ganz plötzlich, aus heiterem oder finsterem Himmel geschehen: *einfach gott wieder da.* Wege durch das Leiden sind auch immer Wege, da Gott mir begegnen kann, plötzlich, aus dem Nichts, überraschend, heilsam.

Diese Gotteserfahrung bleibt unverfügbar, mehr als ein *vielleicht* habe ich nicht. *garantieren für ihn* kann niemand. Doch ich habe solche Erfahrungen gemacht, wie immer ich sie nenne (Zufall, Glück, eine Freundlichkeit des Lebens), sie haben mir Wege eröffnet, Wege geebnet, an Wegscheiden Orientierung gegeben. Ich halte es dem verwegenen Wegelagerer zugute.

9

Voll Schmerz.
Der versehrte Gott

O Haupt voll But und Wunden,
Voll Schmerz und voller Hohn,
O Haupt, zu Spott gebunden
Mit einer Dornenkron!

(Paul Gerhardt)

Wieviel Schmerz hält Gott aus? Empfindet er Schmerzen überhaupt, kann ihm das Herz brechen, können ihm die Sinne schwinden, weiß er, was Stich, Riss und Wunde sind, was ein Trauma ist oder eine Depression, abgrundtiefe Einsamkeit?

Erlauben Sie mir, wieder sehr persönlich zu werden: Manchmal leide ich an Atemnot, die geliebten Ausfahrten mit dem Rennrad sind fast nicht mehr drin. Mein Körper ist gezeichnet. Eine Operation, die Beatmung, die ständigen Stiche in die Arme und Hände zur Blutentnahme oder für einen Zugang, durch den das Chemo-Gift in meinem Leib eintreten durfte, die Entnahme von Knochenmaterial und Liquorflüssigkeit haben Narben hinterlassen. Die Nerven sind geschädigt und sehr beleidigt, denn sie fordern Geduld, bis sie wieder ganz da sind; darum macht mein rechter Fuß nicht immer, was er soll, und darum ist mein Gleichgewicht manchmal auf Urlaub. Ich bin schon öfter mal gestürzt, ich hinke, mein Rücken schmerzt wegen der verzogenen Muskulatur. Nachts schlafe ich eher schlecht, Krämpfe in den Beinen überfallen mich (danach brauch ich an friedvollen Schlummer ohnehin nicht mehr denken), am Tag besucht mich dann eine Müdigkeit, die nicht dadurch schöner wird, dass sie einen französischen Namen trägt: Fatigue. Noch was? Nein, das reicht wohl, um zu spüren: Ich bin ein versehrter Mensch.

Versehrte Menschen:

Ein guter Bekannter, der hoch engagiert in seinem Beruf gearbeitet hat, ein fröhlicher Kerl, leidet unter dem Long-Covid-Syndrom oder unter Impffolgen, das ist noch nicht ganz heraus. Klar ist: Er bekommt kaum einen Fuß vor den anderen, muss sich frühverrenten lassen und hadert bitter damit.

Eine junge osteuropäische Frau wurde Opfer des Frauenhandels, wurde als Prostituierte missbraucht und erfuhr extreme sexualisierte Gewalt. Sie konnte sich mit Hilfe von Freund/innen und engagierten Streiter/innen gegen die Zwangsprostitution befreien, aber ist verletzt und traumatisiert, muss sich verstecken und hat keinen Kontakt zu ihrer Familie in der osteuropäischen Heimat. Auch aus Scham, einer lähmenden, brennenden Scham. So etwas wie ein »normales Leben« hat sie nie gekannt und wird sie mutmaßlich nie führen können.

Frau K. ist sehr alt geworden, sie lebt im Pflegeheim, nicht wirklich gut betreut, ihre langen Tage verbringt sie im kleinen, eher funktional als wohnlich eingerichteten Zimmer. Ihre Lungenerkrankung – sie leidet seit bald einem Jahrzehnt unter der zunehmenden Obstruktion – macht, dass sie kaum ein paar Meter gehen kann, oft zieht sie es vor, im Bett oder auf dem graubraunen, zerschlissenen Sessel zu bleiben. Sie weiß, dass sie eines nicht allzu fernen Tages an Schwäche sterben oder ersticken wird. Frau K. ist allein. Niemand, der sie besucht (ab und an eine Mitarbeiterin der hiesigen Kirchengemeinde, aber nicht oft), die Stunden vergehen zäh. Lesen, was sie mit Leidenschaft tat, kann sie nicht mehr, der Fernseher verbreitet nur Langeweile. Manchmal rettet sie sich in eine kleine Demenz. Frau K. wartet auf ihr Ende – und versteht nicht, warum sie immer noch hier ist, eine Untote unter Lebenden, zu denen sie kaum Kontakt hat.

Welchen Gott wünsch ich mir als versehrter Mensch? Einen versehrten Gott? Ich glaube: Ja! Weil mich Gottes Versehrtheit ahnen oder gar spüren lassen könnte, dass ich mit meinen Wunden und Rissen nicht allein bin. Dass es wenigstens einen gibt – und der ist kein kleiner –, der versteht, was mich verletzt, der nachvollziehen kann, was mich so verzweifelt macht, der weiß, wonach ich mich schmerzlich sehne. Ein versehrter Gott, meine ich, müsste glaubwürdig Solidarität üben können.

Aber ist das denn genug: Solidarität? Ich denke nicht. Das Wort »Solidarität« schließt immer noch ein, dass der, der solidarisch ist, noch gar nicht den Schmerz fühlen muss, der mich, der andere versehrte Menschen bedrängt. Wer solidarisch ist, ist bewegt, lässt sich berühren, hat Aufmerksamkeit für das Leiden und die Leidenden – aber er oder sie teilt das Leid noch nicht. Dasselbe gilt für die anderen Worte christlicher Tradition, die im Schwange sind, wenn es um Gottes Verhältnis zur menschlichen Versehrtheit geht:

Ein Gott, der sich »erbarmt«, beugt sich – vom himmlischen Thron womöglich – wohl tief herab, aber er ist vom Leid noch nicht unmittelbar, sozusagen leiblich, betroffen. Ein Gott, der »Mitleid« hat, lässt sich Schmerz und Not etwas angehen, mag zu Tränen gerührt sein und die Menschen, die es hart getroffen hat, von Herzen bedauern – aber er erfährt damit noch nicht selbst, was ihnen widerfährt. Gott, in seiner Barmherzigkeit und in seinem Mitleid, ist bewegt, aber nicht betroffen.

Von seiner Betroffenheit spricht das Kreuz Jesu. Nicht vom Mitleid, doch vom Mit-Leiden. Es hat etwas sehr Irritierendes und Herausforderndes, Gott als den Leidenden zu denken und zu glauben. Doch gerade eine alte theologische Formel, die sich intellektuell (inzwischen) nur noch schwer erschließt, hilft, Gott als Mit-Leidenden zu verstehen, jenseits von Mitleid und Erbarmen. Ich spreche von der »Trinität«, der Lehre von der »Dreifaltigkeit Gottes«.

Etwa seit dem dritten Jahrhundert nach Christus entwickelt, setzte sich die Trinitätslehre mit der Frage auseinander, wie sich die drei Wesenheiten Gottes, seine »Erscheinungen« als »Gott, der Schöpfer« (Vater), »Gott, der Erlöser« (Sohn) und »Gott, der Tröster« (Heiliger Geist) zu seiner Einheit verhielten: War Gott nun drei oder einer? Die frühen Christ/innen verstanden sich als in der Tradition der Hebräischen Bibel stehend, wo Gott sich – etwa im »Schema Jisrael« – sehr eindeutig als »einer« vorstellt; und wollten sich zugleich von der polytheistischen (an viele Götter glaubenden) religiösen Umwelt der ausgehenden Antike abgrenzen. Darum formulierten sie den Glaubenssatz, dass Gott wohl dreigestaltig sei, also sich in drei Personen offenbare, in Wahrheit aber nur einer sei, in sich eins: der Schöpfer, der Erlöser, die Trösterin. Im »Nizänischen Glaubensbekenntnis« wurde diese Lehre im Jahr 451 (Konzil von Chalcedon) für die christliche Kirche letztgültig und kirchenrechtlich verbindlich festgelegt. Also Worte »aus uralten Zeiten«, die sich heute nur noch nach einem eingehenden Theologiestudium erschließen?

Nicht, wenn ich mir die Konsequenzen der Einheit Gottes vor Augen führe: Denn wenn es stimmt, dass Gott in all seinen Äußerungen als einer wirkt und handelt: bei der Erschaffung der Welt ebenso wie beim Pfingstfest, da die junge Kirche mutig aufbricht, dann sind Gott, der Vater, und der Geist, die Trösterin, auch im Kreuzesgeschehen nicht abwesend. Dann ereignet sich, was Christus am Kreuz widerfährt, in Gott selbst. Dann gehören auch das Menschliche, die Schwäche, der Schmerz, die Verachtung, die Folter, der Tod – zu Gott. Gott erfährt die Peitsche, den Spott, die Hammerschläge, die die Nägel in Jesu Hände treiben, die Tageshitze und den Durst, das Ersterben und den Tod – an sich selbst. Gott wird zum Versehrten. Und ich glaube, er wird es nicht erst damals, in dieser geschichtlichen Situation an einem Freitag vor den Toren Jerusalems, sondern er ist es seit Anbeginn, seit vor der Zeit: die Versehrtheit gehört zu Gottes Wesen, schon immer. Da Gott ja vor Jesu Geburt und vor dem Pfingstfest kein anderer war, als er nun ist; seine Dreifaltigkeit ist – auch in der Geschichte der Theologie – als Einheit ewig zu denken. Dann ist Gott der Menschen Menschlichkeit durch den Menschen Jesus völlig vertraut, und was mit dieser Menschlichkeit einhergeht: Leid, Einsamkeit, Furcht und Todverfallenheit, ebenso.

Der jüdische Schriftsteller Elie Wiesel (1928-2016), der als Jugendlicher die Konzentrationslager Auschwitz und Buchenwald überlebte, erzählt von dieser Menschlichkeit Gottes in einem der entsetzlichsten Berichte aus der Shoa (der nationalsozialistischen Verfolgung und Vernichtung von sechs Millionen Jüdinnen und Juden), die ich kenne.

Die SS erhängte zwei jüdische Männer und einen Jungen vor der versammelten Lagermannschaft. Die Männer starben rasch, der Todeskampf des Jungen dauerte eine halbe Stunde. »Wo ist Gott? Wo ist er?«, fragte einer hinter mir. Als nach langer Zeit der Junge sich immer noch am Strick quälte, hörte ich den Mann wieder rufen: »Wo ist Gott jetzt?« Und ich hörte eine Stimme in mir antworten: »Wo ist Er? Hier ist Er ... Er hängt dort am Galgen ...«

Ein jedes Mal, wenn ich diese kurze Geschichte höre oder lese, muss ich ein paar Minuten schweigen, um den Schrecken, von dem sie erzählt, auszuhalten. Es ist eine entsetzliche Geschichte, die mich zunächst einmal zum Schweigen zwingt. Wenn es Ihnen geradeso ergeht, unterbrechen Sie doch eine kleine Zeit die Lektüre – und lassen Sie zu, dass der Bericht an die Grundfesten Ihres Glaubens rührt.

Elie Wiesel erzählt von Gott als von dem ganz und gar Versehrten. Gemeint ist der Gott Israels, durch das groß geschriebene »Er« identifiziert, der Gott, der sein Volk befreit hat, geführt hat in ein Land, da Milch und Honig fließen, der sein Volk auserwählt hat und einen Bund mit ihm schloss. Der Gott, dessen Name nicht ausgesprochen wird, der Gott, dem Israel folgt. Und dieser Gott, »Er«, ist nicht einfach nur solidarisch, nicht mitleidig, nicht barmherzig, er leidet unmittelbar mit. Er leidet wie dieser Junge; und erweist sich damit als elementar ohnmächtig und ausgeliefert. Gott hat nicht nur in Christus ein *Haupt voll Blut und Wunden*, »Er« ist der Leidende, nicht allein in christlicher Tradition. Und er ist es im Unterschied zu den starken, erfolgreichen, durchsetzungsfähigen und männlichen Gottheiten, Stars und Sternchen unserer Zeit.

»Ich will vom Leiden endlich alles wissen!«, schrieb die in Leid und Schmerz bis zum Überdruss und zur Verzweiflung erfahrene österreichische Schriftstellerin Christine Lavant

(1915-1973) einmal. Ich persönlich habe diesen Wunsch niemals geäußert. Gott selbst aber offensichtlich schon!

Der »gesunde Menschenverstand«, den ich manchmal gerne zur Raison rufen möchte und der gerne auch einmal schweigen dürfte, der fragt freilich nach: Und, was hilft's? Die Frage ist nicht von der Hand zu weisen. Einen versehrten Gott zu haben – was ist es nütze? Gut, ich weiß dann, dass mein Schmerz, meine Not und die Abgründe und Verlorenheiten des Menschlichen Gott nicht verborgen sind, dass er sie erleidet, wie wir Menschen es tun, geschlagen wie wir. Aber damit sind Not und Tod noch nicht aus der Welt. Was wir ja jeden Tag sehen und hören. Der leidende, mit-leidende Gott verändert nichts; er hat keine Kraft gegen das Kräftezehrende, er hat keine Macht, seiner und unserer Ohnmacht aufzuhelfen, sein Mit-Leiden bedeutet noch nicht das Ende der Leiden. Was hilft ein gekreuzigter, versehrter Gott?

Ich habe, wenn ich das so sagen darf, in der Zeit der schmerzhaften, lebensbedrohlichen Krankheiten etwas Bemerkenswertes gelernt, etwas, das sehr alltäglich klingt, nach Binsenweisheit – und das doch sehr tragfähig ist: Alles, was den Schatten der Versehrtheit auf mein Leben wirft, trägt Licht in sich.

Mein Verhältnis zu den Schmerzen, die ich zu ertragen hatte, habe ich entwickeln können, weil ich verstand, dass genau dieser Weg, durch Schmerzen und Blessuren hindurch, mein Weg zur Heilung sein würde. Es gibt etwas auszuhalten – aber genau das hat Perspektive. Den ersten Satz, den ich sagte, als ich aus dem Delir (zahllosen verworrenen Halluzinationen), das dem künstlichen Koma folgte, erwachte, war: »Ich will nicht sterben!« Meine Frau, die mich zu diesem Zeitpunkt inmitten der zweiten Welle der Pandemie zum ersten Mal wieder besuchen konnte, sagte ruhig und bestimmt: »Da bist du jetzt durch!« Ich begriff erst später, wie nah ich dem Tod gewesen war, aber spürte gleich, wie mich diese Stimme und die Zuwendung meiner Frau, die darin ihren Klang fand, weitertragen würde. Als ich nach langen Tagen wieder kräftig genug war, mir ein Smartphone ans Ohr zu halten, schlichen sich meine Söhne in den Hinterhof bei der Intensivstation und telefonierten mit mir, ich lag drinnen, sie standen draußen, die Nasen am Fenster meines Zimmers. Sie hatten viel stehen und liegen lassen, um zu kommen, um ihre Mutter zu unterstützen, um schwerwiegende Entscheidungen, die ich nicht selbst treffen konnte, mitzutragen, um mich spüren zu lassen, dass ich ihnen viel bedeutete und sie mit mir rangen. Freundinnen und Freunde haben sich immer wieder gemeldet, um Hilfe anzubieten, um ihre Mit-Sorge zu bekunden, um mir gute Genesung zu wünschen. Ab und an bekam ich eine Karte, ein Büchlein, etwas Musik. Die Gespräche mit den Mitpatienten, sobald ich dazu wieder fähig war, habe ich zu schätzen gelernt, weil sie frei waren von Smalltalk oder

Eitelkeit. Und die, denen ich anvertraut war, den Ärzt/innen, den Pflegerinnen und Pflegern, Physio- und Ergotherapeut/innen, waren zugewandt, taten ihre Arbeit mit Verantwortung und Verstand; sie machten sehr vieles richtig, obschon es kaum Erfahrungen gab, wie ich zu behandeln wäre. Ich habe wieder anfangen können, gute Bücher zu lesen, hoffnungsfrohe Musik hat mich erreicht, und ich war glücklich und erleichtert, als die Kreativität zurückkam und ich wieder Gedichte und kurze Texte verfassen konnte. Selbst der Bartwuchs stellte sich wieder ein! Und in allem fühlte ich einen hartnäckigen Lebenswillen, von dem ich nicht wusste, woher er rührte – aber er war da, leitete mich, gab mir Energie für die mühsamen Schritte und Übungen, die nötig waren, damit ich den aufrechten Gang wieder lernte.

Licht im Schatten, Beglückendes in der Erfahrung des Leides, Gutes dort, wo das Schlimme waltet. Ich will es genauer sagen: Ich habe dieses Lichtvolle, Hilfreiche, Bedeutsame nicht gesehen, weil da auch Schatten war, ich habe nicht *durch* das Leid gelernt, das Gute, Erfreuliche zu sehen. So meine ich es nicht. Ich glaube, es war sehr viel elementarer: Ich habe *im* Leid ein Lachen gespürt, *im* Schmerz und *in* der Bedrohung durch den Tod das Lebendige gesehen. Nicht *durch* das Leid habe ich gelernt, sondern *im* Leiden.

Das ist eine kurze gewagte Antwort auf die Frage, ob es das Leid geben muss. Ich finde dafür keine Begründung, aber sicher ist: Not muss es nicht geben, damit ich das Gute und Gelingende im Leben wahrnehme (das wäre arg pädagogisch gedacht). Es gibt sie; wir finden sie vor, seit es Menschen gibt und seit wir durch unsere Geburt Menschen geworden sind – sie wegzudiskutieren hilft nicht, darum ist es müßig, eine Begründung zu suchen. Besser ist, sich der Not auszusetzen, um in ihr das Gute zu erspüren: Das mag die Kraft zum Widerstand gegen das Leiden sein, das mag die Geduld sein, zu ertragen, das mag all das sein, was mich zum Leben motiviert und was mir wieder aufhilft. Das ist im Leid verborgen.

Das gilt auch für den mit-leidenden, versehrten Gott. Was ist gut an Jesu Kreuz?

Wenn ich mir die Berichte von Kreuz und Tod Jesu in den vier Evangelien ansehe, finde ich einiges darin, das mich anrührt: In Jesu Schrei nach dem Gott, der ihn verlassen hat, höre ich meine eigene Verzweiflung, was mich bedrängt, erschreckt und entmutigt, ist eingeschlossen darin. Da ist wohl einer, der mich – und die vielen Milliarden Schmerzensleute – im Blick hat, der teilt, was uns tötet. Mich erstaunt die menschliche Größe, mit der Jesus für seine Peiniger bittet: »Vater, vergib ihnen, denn sie wissen nicht, was sie tun!« (Lukasevangelium, 23. Kapitel, Vers 34); seine Lebensentscheidung, Menschen zu achten, gar Feinde zu lieben, setzt sich noch in seinen letzten qualvollen Stunden durch und ist stärker als der verzweifelte Zorn, der gnadenlose Hass, für die ich viel Verständnis hätte. Noch am Kreuz, wird erzählt, wendet er sich den Einzelnen zu, den Leidensgenossen, die mit ihm ans Holz gebunden werden: »Heute wirst du mit mir im Paradies sein« (Lukasevangelium, Kapitel 23, Vers 43). Und seiner Mutter und dem Freund Johannes, der ihm besonders ans Herz gewachsen ist, auch: Er bindet sie zusammen als Mutter und Sohn (Johannesevangelium, Kapitel 19, Verse 25-27). Ein »Hauptmann« der Römer, die die Kreuzigung Jesu und der beiden – vielleicht politischen – Delinquenten ins Werk setzten, steht am Ende ergriffen und ein wenig verwirrt da und bezeugt: »Dieser Mensch ist Gottes Sohn gewesen!« (Markusevangelium, Kapitel 15, Vers 39).

Was ich damit sagen will: Auch die Erzählungen von der Kreuzigung Jesu sind nicht einfach nur in Grau und Schwarz gehaltene, düstere Bilder. Inmitten der erschütternden Szene dringt hier und da ein Strahl von Licht durch, inmitten all der drastischen Brutalität weht etwas zärtliche Liebe, etwas menschliche Zuwendung heran. Das darf gewiss nicht überschätzt werden, als sei alles Leiden (auch das unsere) am Ende doch eitel Sonnenschein (wir sehen es bloß noch nicht), aber unterschätzen will ich es auch nicht. Es hat in finstersten Situationen auch immer wieder Erfahrungen von Solidarität, von Lebenswillen und Hilfsbereitschaft gegeben – ich will es nur nicht übersehen; und denke dabei an das Ahrtal, die Erdbebengebiete in der Türkei und in Syrien, an Menschen, die verfolgte Juden und Jüdinnen versteckten, oft unter Lebensgefahr, an Seenotretter/innen auf den Flüchtlingsrouten, an pflegende Angehörige, die den Tod ihrer Lieben vor Augen haben.

Was mich am Kreuz Jesu jedoch am allermeisten bewegt, ist, dass durch Jesu Sterben kein Tod mehr gottlos ist. Indem Gott selbst – wie ich beschrieben habe – diesen menschlichen Weg in den Tod, in jedes Leid und die größte Gottferne geht, indem er selbst erfährt, was uns an Not widerfahren kann, ist keine Not, kein Schmerz, kein Leid mehr ohne Gott. Noch genauer: ohne Gottes Gegenwart. Denn das Kreuz Christi zeigt: Gott schaut nicht nur zu, Gott ist nicht nur dabei, voller Erbarmen und Mitleid. Nein: Gott ist mittendrin. Die schwärzeste Nacht, der grellste Tag, die feurigste Hitze, die eisigste Kälte, der brennendste Schmerz und der bodenlose Abgrund, sie sind nicht gottlos!

Und darum auch nicht sinnlos und nicht ohne Perspektive. Das ist auf Hoffnung hin gesagt, denn in Wahrheit fällt mir nicht ein, welchen Sinn es haben könnte, dass sechs Millionen Menschen dem Tod, dem »Meister aus Deutschland« (Paul Celan), zum Opfer fallen mussten, dass täglich etwa hundertfünfzig Tier- und Pflanzenarten aussterben, weil Menschen Raubbau am Planeten betreiben, als gäbe es kein Morgen, dass einige wenige in unüberschaubarem Reichtum, die allermeisten aber in bitterer Armut leben, dass ein junger Vater an Krebs stirbt und zwei Kinder und seine Frau zurücklässt, verloren. Das ist doch sinnlos!

Aber da die Verfolgten, die Elenden, da der zum Tode Kranke und die Schöpfung für sich reklamieren können, dass Gott gegenwärtig ist, mitten in ihrem Seufzen, ihrer Hoffnungslosigkeit, ihrem Vergehen, darum ist, was geschieht, nicht ohne Sinn. Sinn aber heißt: Wert und Würde, Bedeutung und Wichtigkeit jedes Menschenlebens und jeder Art gehen in Leid und Tod nicht verloren. Sie sind in Gott aufgehoben – gut aufgehoben –, darum vermag niemand sie uns zu nehmen.

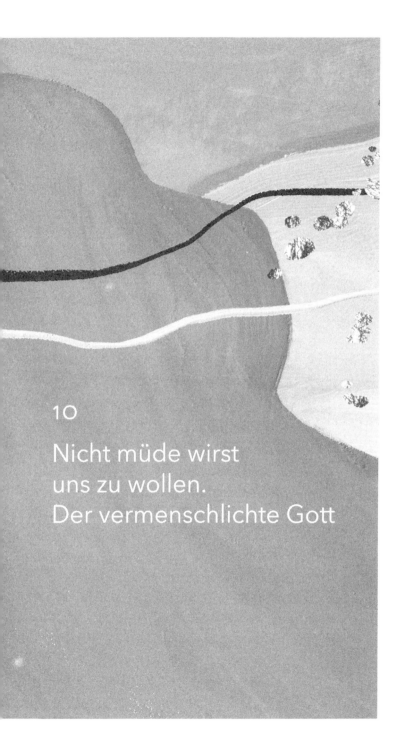

10

Nicht müde wirst
uns zu wollen.
Der vermenschlichte Gott

Te Deum

Mit Jaworten
mit Bibelworten
mit Lehr- und Lehnworten
mit den Worten der Väter
der Mütter mit brustwarmen
lendenkräftigen Worten dich loben

groß sprechen
groß schreiben
groß denken
groß zeigen

Mit Namenworten
Nennworten Tunworten
mit Eigenworten Schaftworten
Umstandsworten
mit bedachten Mundworten
mit notariell beglaubigten
mit öffentlichen Glaubensworten
…

Mit Küstenworten
mit Läuferworten
mit atemlosen Botenworten
mit geängsteter bedrohter
begeisterter Stirn sagen

126

dass du dauerst
dass du schaffst
gewährst und nicht
müde wirst uns zu wollen
…

(Paul Konrad Kurz)

Einen Moment muss ich innehalten und für mich selbst klären, wie ich selbst eigentlich von Gott spreche. Sie lesen es ja: Gott hat für mich eindeutig menschliche Züge. Gott hat Hand und Fuß, Herz und Hirn, Nase, Mund und Augen, er spricht Menschensprache und hegt Menschengefühle. Ich kann von Gott nicht abstrakt sprechen: Gott als »Urgrund des Lebens«, als »Grundprinzip des Daseins«, als das »harmonische All-Eine«, als das »Wirken des Kosmos«, als »Schicksal«. Und mag es auch nicht, weil Gott mir dann entglitte und unkonkret, unbestimmt würde. In meiner Sprache des Glaubens und der Theologie menschelt Gott.

Ich fühle mich zu Selbst-Zweifeln genötigt: Ist das denn erlaubt? Darf ich auf diese Weise von Gott sprechen? Zunächst ist da niemand, der es mir explizit verbietet. Und mein Zweifel gibt mir jede Erlaubnis, in der Rede von Gott etwas zu versuchen, zu wagen, kein Blatt vor den Mund zu nehmen und den sicheren Boden eins ums andere Mal zu verlassen. Da fühle ich mich frei, schon, weil ich Gott und mich ernst nehmen möchte und mein Verhältnis zu ihm und mit ihm ein wahrhaftiges sein soll.

Doch bin ich überzeugt, dass ich mich in meiner Gottesrede nicht einfach selbst ermächtige. Zum einen, weil ich in einer langen Tradition von Gottesrede stehe, die immer auch neue Worte, neue Bilder für Gott gefunden hat, wenn Bilder und Begriffe sich überlebt hatten, wenn es neue Zugänge und Verständnisse brauchte. Die Geschichte der Gottesdichtung etwa, der poetischen Antworten auf Erfahrungen mit Gott, kennt viele, viele Beispiele dafür.

Zum anderen aber: Die Bibel selbst, die Urkunde jedes Wortes von Gott, erlaubt mir, von Gott menschlich zu sprechen. Jedes biblische Gottesbild – der Herr, der König, der weise Alte, der Menschenschöpfer mit der Ackererde – ist gesättigt mit konkreten, handgreiflichen menschlichen Erfahrungen. In den Psalmen wird Gott geduzt, zur Rede gestellt (»Warum hast du mich verlassen?«), herausgefordert (»Wo ist ein so mächtiger Gott, wie du, Gott, bist?«), beim Wort genommen (»Mein Herz hält dir vor dein Wort!«), es wird gerüttelt an ihm (»So schweige doch nicht!«), er wird ironisch angegangen (»Errette mich ... – wer wird dir bei den Toten danken?«), er wird gelobt (»Lobe den Herrn, meine Seele!«), begehrt (»Mein ganzer Mensch verlangt nach dir.«), gefeiert (»Ich will singen dem Herrn mein Leben lang.«). Die Dichter/innen und Sänger/innen der Psalmen stehen mit

Gott auf vertrautem Fuß. Sie nehmen kein Blatt vor den Mund; wenn sie ihn preisen, tun sie es im Überschwang, und nicht weniger emotional und leidenschaftlich, wenn sie sich zu beschweren haben, wenn sie ihn anklagen und einfordern, dass er sich endlich bewegt. Ich nenne diese Haltung Gott gegenüber gerne: Augenhöhe. Die Psalmen wissen gut, dass sie mit ihrer Gottes-Anrede, ihrem Dank, ihrem Lob, ihrer Klage und ihren Vorwürfen nicht an Gott heranreichen, die »Augenhöhe« ist also nur relativ, aber sie fühlen sich ganz offensichtlich frei, aus ihren Herzen keine Mördergrube zu machen, auszusprechen, was ihnen auf der Zunge und auf dem Herzen liegt. Wenn die das dürfen, kann es uns nicht verwehrt sein! Denke ich unbedarft bei mir selbst … Und übe diese Haltung, weil sie mir eine offene, wahrhaftige Gottesbeziehung erlaubt, manchmal (das sei nicht verhehlt!) auch mit einer Portion Frechheit dabei, die Gott versucht und sich überraschen lässt.

Um derentwillen ich freilich auch immer wieder kritisiert werde. Und die ich – wie erwähnt – bisweilen auch selbst bezweifle. Gegen diese Haltung relativer Augenhöhe werden gerne zwei Begriffe ins Feld geführt, die zur Raison rufen möchten.

Der erste ist: Geheimnis. Gott bleibt in seiner Größe, über alle menschlichen Begriffe hinaus, in seiner Weite, die von menschlichen Horizonten nicht begrenzt ist, in seiner Tiefe, die wir niemals ausloten, in seiner Farbigkeit, die uns blendet, in seiner Stille, die wir nicht zu stören vermögen, in seiner Vielfältigkeit, die uns verwirrt – ein Geheimnis. Und es ist angemessen, dieses Geheimnis stehen zu lassen, es nicht ergründen zu wollen und nicht zu versuchen, es sich verfügbar zu machen. Beides wird nicht gelingen. Darum ist jede Rede von Gott nur vorläufig. Ich teile diese Einsicht. Fühle mich aber eben durch Gottes Geheimnis dazu befreit, durch Versuch und Irrtum mein Verhältnis zu Gott in immer neue Worte zu fassen und ungewohnte Entdeckungen zu erwarten.

Und das in aller Demut. Oder besser: Bescheidenheit. »Demut« ist ein schwieriges Wort, das klare Machtverhältnisse ausdrückt: Da ist ein Herr, dem der Demütige »dienst-mütig« (so die Bedeutung des alten Wortes) zu Willen zu sein hat. Ich bescheide mich gerne, indem ich meine Grenzen durchaus kenne: die Grenzen meiner Erfahrung und meiner Erkenntnisse, meines Wortschatzes und meiner Fantasie. Doch «Demut« möchte mehr, möchte, dass sich Menschen unterwerfen unter einen selten verständlichen Plan Gottes, möchte, dass eigene Bedürfnisse zurückgenommen werden und wir mit Gottes Willen möglichst gänzlich übereinstimmen, unter Absehung von eigenen Wünschen und Hoffnungen. Der ohnehin recht gestrenge Prophet Micha lässt an Deutlichkeit nichts zu wünschen übrig und erklärt: »Es ist dir gesagt, Mensch, was gut ist und was der Herr vom dir fordert, nämlich Gottes Wort halten und Liebe üben und demütig sein vor deinem Gott« (Buch des Propheten Micha, 6. Kapitel, 8. Vers).

Fordert das der Herr? Eine Demut, die mich zwingt, mich zu ducken, Order zu empfangen und selbst kaum vorzukommen in der Beziehung, die ich mit Gott habe? Ich glaube das nicht. Ich glaube es nicht, weil Gott *nicht müde* wird, *uns zu wollen.*

»Wollen« ist recht zu verstehen. Gott will uns nicht als Diener/innenschaft und Besitz, als Leibeigene in der Fron im Gottesgarten, als Befehlsempfänger/innen beim Morgenappell auf dem Exerzierplatz seines Weltenplans. Sein Wollen ist ein anderes, das uns achtet, das uns zu Menschen ihm gegenüber macht. Gott will, »dass allen Menschen geholfen werde und sie zur Erkenntnis der Wahrheit kommen« (1. Brief des Paulus an Timotheus, 2, Kapitel, 4. Vers), heißt es im Neuen Testament – ein Satz, der andeutet, dass Gott die Menschen (Sie und mich also auch) als der Hilfe bedürftig im Blick hat – und dieses Bedürfnis will er stillen. Noch weiter geht die Hebräische Bibel, und wird dabei intim: Zu Zion (Jerusalem, zum Volk Israel also und zu allen, die Gott zugehören) wird gesagt: »Man soll dich nicht mehr nennen ›Verlassene‹ und dein Land nicht mehr ›Einsame‹, sondern du sollst heißen ›Meine Lust‹ und dein Land ›Liebe Frau‹; denn der Herr hat Lust an dir, und dein Land hat einen lieben Mann.« Was für ein bemerkenswerter Satz, der aus Gott einen Verliebten macht. Sein Wille ist geprägt von seiner Liebe (dazu noch mehr im 12. Kapitel). Er will nah sein, er will da sein, wo wir sind, in der menschlichen Fremde ist seine göttliche Heimat.

Verzeihen Sie, dass ich noch einmal aus der Bibel zitiere (das klingt frömmer, als ich bin, aber ist gute, protestantische Übung!): Im Brief des Paulus an die Philipper findet sich ein großer, gewiss mit Kraft und Verve gesungener Hymnus, in dem es heißt: »Er«, Christus, »hielt es nicht für einen Raub, Gott gleich zu sein, sondern entäußerte sich selbst und nahm Knechtsgestalt an, ward den Menschen gleich.« Sie erinnern sich, was im Kapitel über den versehrten Gott von der Dreifaltigkeit gesagt worden ist: Was Christus geschieht, was sich mit Christus ereignet, geht den ganzen, den einen Gott an. Darum: Gott privatisiert nicht (»nahm es nicht für einen Raub«, denn lat. »privare« heißt »rauben«), sondern sucht die Menschennähe, will menschlich unter Menschen sein. Er will uns so sehr, dass er einer von uns werden will.

Begegnet er mir aber als einer, der mich will, der mich liebt, dann begegnet er mir eben auf dieser Augenhöhe, die mir alle Freiheit gibt, ihn – vorläufig, in immer neuen Versuchen – zu nennen und anzusprechen, wie ich es will. Vorausgesetzt: Ich will ihn, wie er mich will, als Liebender, als Liebende; was einschließt: unverstellt und unverblümt, ohne Arg und ohne Falsch, mit aller menschlichen Größe und aller menschlichen Schwäche. Mit der Notwendigkeit auch, sich immer einmal wieder finden zu müssen, wenn es Streit gab oder wir in eine Beziehungskrise geraten sind, weil der eine dem anderen nicht genug Aufmerksamkeit geschenkt hat oder weil eine etwas störrisch die eigenen Wege gegangen ist.

Paul Konrad Kurzens *Te Deum* kennt im ganzen fünfseitigen Text siebenundvierzig Worte für und an Gott – eine Fülle, und gewiss lassen sie sich variieren und vermehren. Liebende werde *nicht müde*, Worte füreinander zu suchen und zu finden – und manchmal fehlen die Worte völlig, um auszudrücken, was sie füreinander empfinden. Dann ist auch mit Schweigeworten alles gesagt.

Es gab im Krankenhaus und in der Rehabilitation für mich sehr eindrückliche Momente des Schweigens. Die ich erst im Nachhinein, im Nachspüren und Wiedererinnern als wertvoll und lebendig begriffen habe. Einige Male war der Schmerz so fundamental und die entmutigende Frage, ob er jemals ein Ende finden würde und wenn, ob im Tode, dass ich kein Wort mehr über die Lippen brachte. Nein, noch tiefer: Da meine Seele zu keinem Stoßgebet, keinem Seufzer mehr fähig war. Ein völliges Verstummen – das einem Menschen, wie ich es bin, der Sprache liebt und der um Worte ringt, und vom und beim Ringen oft genug getröstet wird, wie eine Katastrophe vorkam, nah an der Vernichtung. Die Hölle müsste, wenn es sie gäbe, ewiges Schweigen sein, unendliche Klang-, Ton- und Wortlosigkeit. Aber: Es ist so still nicht geblieben; da kamen Worte auf mich zu (Verzeihung: Nein, keine der beliebten biblischen Trost- und Schutz- und Trutz-Worte ...), Worte von Menschen, die mich lieben, die mir freundschaftlich nahe waren, und in ihnen glaube ich einen Gott gehört zu haben, der mich nicht in meiner Sprachlosigkeit verloren gibt. Er war (und ist) ganz Ohr für mich, auch wenn von mir kein Ton mehr kam (und kommt).

Und die andere Art der Wortlosigkeit gab es auch, die Sprachlosigkeit des Beschenkten, der es nicht begreifen kann, der es nicht fasst, dass er so geliebt wird, so getragen trotz der Schwere seiner Gebrechen, trotz der Kraftlosigkeit, dem Unvermögen, sich noch an das Leben zu klammern. Manchmal kam mir auch kein Dank mehr über die Lippen, weil ich erfüllt war vom Erstaunen, noch da zu sein. Ich glaube, dass Gott das genügt.

11

Ganz und gar nicht.
Der unbrauchbare Gott

dem herrn unserem gott
hat es ganz und gar nicht gefallen
daß gustav e. lips
durch einen verkehrsunfall starb

erstens war er zu jung
zweitens seiner frau ein zärtlicher mann
drittens zwei kindern ein lustiger vater
viertens den freunden ein guter freund
fünftens erfüllt von vielen ideen

was soll jetzt ohne ihn werden?
was ist seine frau ohne ihn?
wer spielt mit den kindern?
wer ersetzt einen freund?
wer hat die neuen ideen?

dem herrn unserem gott
hat es ganz und gar nicht gefallen
daß einige von euch dachten
es habe ihm solches gefallen

im namen dessen der tote erweckte
im namen des toten der auferstand:
wir protestieren gegen den tod von
gustav e. lips

(Kurt Marti)

Vielleicht stimmen Sie den Zeilen Kurt Martis zu, dass es Gott *nicht gefallen* kann, dass ein Mensch, ein ganz konkreter Mensch mit seinen Gaben und seiner Geschichte, einfach so dem Tode anheimfällt? Dann haben Sie mein ganzes Wohlwollen – und das vieler Christ/innen nicht. Jedenfalls dann nicht, wenn ich die Tradition ernst nehme, in der sie (und Sie und ich ja auch) stehen. Werfen Sie nur mal einen Blick ins Evangelische Gesangbuch: Da gibt es die Rubrik »Sterben und ewiges Leben« (Evangelisches Gesangbuch, Stammteil, Lieder Nr. 519-535), wo es zum Beispiel heißt: »Mit Fried und Freud fahr ich dahin in Gottes Wille …« (Lied 519); oder »Noch kann ich es nicht fassen, / was deine Schickung meint …« (Lied Nr. 531) – und im Badischen Regionalteil steht sogar: »Darum so will ich dieses Leben, / weil es meinem Gott beliebt, / auch ganz willig von mir geben …« (Lied Nr. 686). Gottes Wille – seine Schickung – Gottes Belieben. Ich habe mich vor, in und nach meinen Erkrankungen immer gegen die Vorstellung gewehrt, es sei Gottes Fügung, Gottes Zuteilung, was sich da schmerzhaft und leidvoll ereignet; ich wäre nicht nur meinem Unheil, sondern auch Gottes Willkür ausgeliefert, in der er es vielleicht gut mit mir meint (wie auch immer), aber gefragt hat er mich nicht, ob ich damit einverstanden bin, ob ich diesen Weg auch gehen möchte.

Andere waren davon überzeugt, dass es sein Wunsch und Wille war.

Was mich tatsächlich schwer belastete, waren Gespräche mit Menschen, die immer schon alles wussten über mich und mein Gottesverhältnis, noch bevor ich es ausgesprochen hatte. Es gab ein paar solcher ungebetener Helfer/innen: im Bekanntenkreis, in den Kliniken. Das ging dann so:

Beim Besuch einer wohlmeinenden Mitchristin:

»Ah, Thomas, du wirkst sehr ruhig.« (Ich war gerade vor Schmerzen eher stumm geworden.)

»Es ist gut, nicht allein zu sein, nicht wahr?« (Ich fühlte mich abgrundtief allein, auch von Gott verlassen, mit Jesu Frage, nicht auf den Lippen, aber im Herzen: »Mein Gott, mein Gott, warum hast du mich verlassen?«)

»Entschuldige, Sara, ich bin gerade ...«

»Ja, ich weiß, hab ich dich gestört? Im Gebet, im Zwiegespräch mit Gott? Das tut mir leid.«

»Nein, nein, mir ist gerade nicht so zumute ...«

»Ich verstehe. Mir geht das genauso. Ich bin ganz erstaunt, wie ruhig du bist. Es ist schon ein Wunder, wie Gott dich festhält.«

»Ach du, ich hab nicht das Gefühl ...«

»Ja, manchmal merken wir gar nichts davon und er ist doch da. Du bist wirklich ein Gesegneter!«

»Findest du, ich denke eher ...«

»Nein, nur nicht so bescheiden. Gott meint ja jeden Menschen ganz besonders, und jetzt gerade dich.«

»Danke, Sara, ich glaube, es ist besser, wenn ...« (Sagen wollte ich: »... du jetzt gehst!« – aber damals war die Höflichkeit noch größer als der Wunsch, mich selbst zu vertreten.)

»Ja, Thomas, es wird besser werden. Was du jetzt erlebst, ist Gottes Wille, Gottes Weg mit dir, am Ende gehst du neu und gestärkt daraus hervor.«

Ich bin dann sehr müde geworden und eingeschlafen ...

Ich verstehe die Überzeugung, Gott sei am Werk, wenn es einem Menschen schlecht oder ganz übel geht. Ich vermute dahinter den Wunsch, dem Unerträglichen eine Bedeutung zu geben. Wenn ich ohnehin nicht verstehe, warum ich leiden soll, dann wenigstens durch Gottes Einfluss. Dann bin ich nicht nur einem anonymen Schicksal ausgeliefert, sondern einem Willen, der es am Ende irgendwie richtet, der allem einen Sinn gibt. Ich verstehe die Hoffnung, dass in allem Unglück doch der »liebe Gott« walte; das mag helfen »nur ein wenig stille« zu sein und »in sich selbst vergnügt«, denn es ist ja »Gottes Gnadenwille, wie sein Allwissenheit es fügt« (Evangelisches Gesangbuch, Lied Nr. 369: »Wer nur den lieben Gott lässt walten«). Tatsächlich? Hatte Gott im Sinn, mir Schmerzen zuzufügen, damit ich etwas lerne vom Leben? Was ist das denn für eine göttliche schwarze Pädagogik? Ist der, der von sich behauptet, dass er Menschen liebe, wirklich bereit, zum Äußersten zu greifen, zu schlagen, zu entstellen, Wunden zu reißen, in Verzweiflung zu stürzen, zu töten – damit diese begriffsstutzigen Menschen begreifen, wie gnädig er in Wahrheit ist? Welch eine seltsame Vorstellung von Gott!

Seltsam – aber nicht selten. Gottesbilder, in denen sich gläubige Menschen Gott zurechtlegen, damit er zu ihren Wünschen und Bedürfnissen passt, gibt es zuhauf (und gab es im Lauf der Religionsgeschichte immer und immer wieder). Das gibt es in Varianten, die psychologisch und seelsorglich verständlich sind und in manchen Situationen so hilfreich, dass sie nicht in Frage gestellt werden müssen. Wenn eine Sterbende sicher ist, dass Gott sie nun zu sich ruft und alles Leid seinen Lohn empfangen wird, und wenn sie dieser Gedanke tröstet und zum friedvollen, hoffnungssatten Sterben verhilft – dann muss ich da nichts klären oder korrigieren, dann gilt das für sie und ich trage es solidarisch zustimmend mit. In anderen Varianten bedürfnisorientierter Gottesbilder aber geht es um Macht, Einfluss, Herrschaft: Der Christus der Kolonialmission trug weiße Züge, Gott ist im Patriarchat ein Mannsbild, der »Gott mit uns« der Weltkriege ließ »Eisen wachsen«, damit sein erwähltes Volk (wen er erwählt hat, unterscheidet sich recht widersprüchlich) wehrhaft und siegreich sei. Der Gott der Taliban und des sog. »Islamischen Staates« dient ihrem Fundamentalismus und befürwortet Terror, für die radikalen Siedler/innen in den illegalen Siedlungen in Palästina ist er der Garant ihres Anspruches auf das »Heilige Land«, für Päpste, Kardinäle und Bischöfe muss er herhalten für ihre hierarchisch-klerikale Macht. Sexisten rechtfertigen mit ihm ihre Homophobie und die Missachtung queerer Menschen; über jeder Art von Kreuzzügen steht die Behauptung des mittelalterlichen Papstes Urban II. vom 27. November 1095: »Deus lo vult« – Gott will es so.

In vielerlei Weise wird Gott nützlich gemacht, wird in seinem Namen Gewalt geübt und Macht missbraucht. Der Musikkabarettist Bodo Wartke protestiert gegen die Nutzbarmachung Gottes, in dem er den Religionen bzw. ihren Anhänger/innen einen Spiegel vorhält und sie in einer satirischen Gottesrede anklagt, seinen Namen zu missbrauchen.

»Nicht in meinem Namen« heißt es zehn Mal in dem herausfordernden Lied; Wartke singt es mit Ironie in der Stimme, mit einem sarkastischen Lächeln. Doch es ist ihm todernst, indirekt klagt er an – und beim Hören des Liedes frage ich mich: Warum höre ich nicht Gott selbst? Warum lässt er sich gebrauchen?

Von Gottes Ohnmacht war bereits die Rede. Ich denke, es ist ein Ausdruck der Ohnmacht Gottes, dass er sich gegen den Missbrauch seines Namens und seiner Person nicht wehrt. Das Kreuz Jesu verweist darauf. Schon bei seiner hochnotpeinlichen Verhandlung lässt Jesus es zu, missverstanden zu werden. Er ist nicht der politische Messias (jedenfalls nicht vordergründig), auf den viele in Palästina hofften und den die Mächtigen fürchteten, er ist nicht der König, als der er am Kreuzesbalken endet (INRI). In Christus liefert Gott sich der Macht und der Willkür aus, er ist als Rädelsführer, Widerstandskämpfer, königliche Hoheit, Held und Heiler, nicht zu gebrauchen. Das Kreuz sagt: Euer Gott ist ein Gescheiterter, ein Ohnmächtiger, er ist zu nichts nutze, ein Nichtsnutz. Gott ist ein unbrauchbarer Gott.

Aber im besten Sinne. Denn nun weiß ich: Wer immer Gott vor seinen oder ihren Karren spannt – seien es US-amerikanische Präsidentschaftskandidaten oder fundamentalistische Abtreibungsgegnerinnen, seien es islamische Fanatiker oder konservative Wertebewahrerinnen, seien es fromme Welterklärer oder sei es der angeblich gottgefällige Tod –, sie sind im Unrecht. Ein Gott, der unbrauchbar ist, der lässt sich für keine Haltung oder Ideologie nutzbar machen. Er verweigert sich – die Hetzer oder Beschwichtigter, die Machtgierigen oder Dienstbaren, die Fanatiker oder Gleichgültigen müssen schon selbst die Verantwortung übernehmen für das, was sie tun und lassen. Das Kreuz bietet keine Projektionsfläche, Gott lässt sich nicht vereinnahmen.

Doch er bleibt nicht wirkungslos! Gott wirkt, indem er liebt.

12

Nicht ausrechnen.
Der verliebte Gott

Ich will mit dem gehen, den ich liebe.
Ich will nicht ausrechnen, was es kostet.
Ich will nicht nachdenken, ob es gut ist.
Ich will nicht wissen, ob er mich liebt.
Ich will mit ihm gehen, den ich liebe.

(Bert Brecht)

Liebe. Das ist ein viel zu großes Wort. Was ist nicht alles schon hineingelegt worden, von zärtlicher Verliebtheit bis zum unbändigen Begehren, von der respektvollen Zuwendung bis zum Eins-Werden und Ineinander-Fallen. Keine/r sollte leichtfertig mit diesem Wort umgehen! Liebe: Das ist ein viel zu kleines Wort, um das auszudrücken, was erfahren werden kann an liebevoller Achtsamkeit und sanfter Gewährung (einer Berührung, eines Kusses), an Hingerissen-Sein und Liebes-Opfer. Keine/r sollte meinen, mit dem Wort »Liebe« sei schon alles gesagt.

Das ist es nicht. Darum muss von Gottes Liebe genau gesprochen werden. Was hat Gott im Sinn, wenn er sagt, dass er liebe? Wenn die Bibel von ihm gar behauptet, dass er »die Liebe« sei? (1. Brief des Johannes, 4. Kapitel, 16. Vers).

Ich glaube, dass sich Liebe in Alltäglichkeiten gießt, dass sie den grellen Tag und die kalte Nacht durchhaucht.

In der Zeit meiner Erkrankungen habe ich Liebe erfahren: in der Aufmerksamkeit der Nachtschwester, die kurz vor Mitternacht noch einmal nach mir sah und sich ehrlich und zugewandt erkundigte, ob die Schmerzen vom Tage gelinder geworden seien, ob ich noch etwas brauche. Als ich meine Frau über Wochen nicht sehen durfte und doch wusste, wie nah sie mir ist und wie sie durchhalten würde, um meinetwillen. In der Professionalität der Ärztinnen, die jede Untersuchung, jeden Eingriff vollzogen, als brauche er ihre ganze konzentrierte Kunstfertigkeit. Im Verantwortungsbewusstsein meiner Söhne, die ihrer Mutter zur Seite standen und die nicht zögerten, nach Hause zu kommen oder mir vom Hinterhof des Krankenhauses zuzuwinken, sobald das möglich war. Als die Freundin eine Nachricht schickte; der Freund ein Gedicht aufschrieb, von dem er nicht wusste, dass es zu meinen Favoriten zählt; mein Bruder, der Kliniken scheut, zu Besuch kam; meine Vorgesetzten sich angelegentlich erkundigten. Ich kann diese Liste verlängern – und bin, derweil ich aufzähle, wieder gerührt, was und wieviel ich vertrauten Menschen wert gewesen bin, obwohl sie alle mich hätten abschreiben können und meine Prognosen nicht sonderlich aussichtsreich waren. Sie sind bei mir geblieben, sie haben sich meiner angenommen und mich wertgeachtet.

Habe ich, in diesen berührenden Erlebnissen, Gottes Liebe erfahren? Gewiss nicht unmittelbar. Es fällt mir schwer zu sagen: Hier war Gott liebend am Werk – mit dieser Feststellung würde ich denen, die sich mir liebend zugewandt haben, die je eigene Liebe schmälern. Meine Frau, die Söhne, Freund/innen waren und sind nicht nur Gottes Instrumente, durch die seine Liebe strömt oder tröpfelt – sie haben von sich selbst geschenkt: ureigene Liebe.

Zwei ganz wesentliche Äußerungen der Bibel zur Liebe Gottes kommen durchaus mit großen Worten daher: Im ersten Brief des Paulus an die Korinther, im 13. Kapitel, wird – mit poetischen Bildern – der unbedingte Vorrang der Liebe behauptet: »Wenn ich mit Menschen- und mit Engelszungen redete und hätte der Liebe nicht, so wäre ich ein tönendes Erz oder eine klingende Schelle« – alle möglichen und beachtlichen Glaubensleistungen (Visionen für die Zukunft, intime Gottesschau, ein Glaube, der Berge versetzt, Opferbereitschaft und Hingabe) sind »nichts nütze«, hätte ich »die Liebe nicht«! (Vers 3). Und dann holt Paulus, statt die herausragenden Tugenden und Eigenschaften zu loben und aufs theologische Podest zu heben, die Liebe in unsere menschliche Erfahrung hinein: Liebe ist geduldig, freundlich, wirft sich nicht in die Brust, hat Verständnis und freut sich, wenn es gerecht zugeht zwischen Menschen. Wer liebt, lässt sich's nicht verdrießen, fängt immer wieder von vorne an, ist wahrhaftig zu sich selbst und anderen. Liebe verleiht ein dickes Fell und unverdrossenes Vertrauen (Verse 4-7). Das liest sich auch wie ein Katalog guter Eigenschaften, die den Christen, die Christin zieren mögen – doch es ist von Gottes Liebe die Rede. So liebt Gott. Beziehungsstark. Denn was Paulus da beschreibt – eigentlich singt; diese Zeilen heißen in der kirchlichen Tradition das »Hohelied der Liebe« Gottes –, das sind die Weisen, wie Menschen miteinander und wie Gott mit Menschen liebevoll umgeht. Hier geht es also nicht einfach um »ein zärtliches Gefühl« (so ein wunderschönes Lied von Herman van Veen), um Liebesstimmung, sondern um die konkrete Beziehung, um das Alltägliche, mit Händen zu Greifende der Liebe.

Das höre ich auch aus dem anderen berühmten Bibeltext zur Gottesliebe (1. Brief des Johannes, 4. Kapitel, Verse 7 bis 21): »Gott ist die Liebe«. Heißt konkret? »Darin ist erschienen die Liebe Gottes unter uns, dass Gott seinen Sohn gesandt hat, damit wir durch ihn leben sollen!« Mit Händen zu greifen ist diese Liebe am Kreuz Jesu. Sie erinnern sich: Es ist ein Ohnmächtiger, der da gekreuzigt wird, ein unbrauchbarer Gott. Der hat nur die Macht seiner Liebe, in der er teilt, was Menschen belastet, erniedrigt und tötet. Offensichtlich liebt er, ohne auf das Eigene zu schauen, ohne zu fragen, was es ihm nützt, zu lieben. Er gibt sich hin oder besser: Er begibt sich hinein in das, was Leben hindert und zerstört, er erlebt menschliche Furcht, menschliche Verlorenheit, menschliches Sterben, menschlichen Tod. Er geht jeden Weg, den wir zu gehen haben. Bert Brecht hat es trefflich ausgedrückt: *Ich will mit dem gehen, den ich liebe. / Ich will nicht ausrechnen, was es kostet. / Ich will nicht nachdenken, ob es gut ist.* Gottes Liebe ist eine, die nicht nach dem Gewinn fragt und die den Verlust nicht in Rechnung stellt. Die die Geliebte, den Geliebten im Blick hat, nicht den eigenen Vorteil oder die zu erwartenden Kosten. Gott ist ein verliebter Gott, genau genommen einer, der sich zer-liebt, weil er alles wagt – auch sich selbst – und alles aufs Spiel setzt.

Eine Liebe ist das, in die hinein ich mich bergen kann, wenn ich meine Wege einsam beschreiten muss und sie mir zu viel abverlangen, die Kosten zu hoch sind. Eine Liebe ist das, die mich sieht, die mich kennt. (Das »Erkennen« ist die biblische Wendung für die intimste Liebe zwischen zwei Menschen, für das seelische und leibliche Eins-Werden ohne Schranken und Grenzen!)

Diese Liebe Gottes, die mir solidarisch nah ist, die mit mir teilt, was mich bedrängt, diese Liebe hat ein Ziel: »… damit wir durch ihn leben sollen«. Leben, Lebendigkeit! Auch hier wieder: Gott teilt, aber er verharrt nicht mit mir in meinem Leid, er stellt mich auf den Weg – und der geht: Richtung Leben. Aus der Verzweiflung zur Hoffnung, aus dem Schmerz zur Ruhe, aus der Klage ins Lachen, vom Tod ins Leben.

Verzeihen Sie, jetzt verwende ich selbst die großen Worte. Die Frage ist ja, wie diese »Verheißung« zur Erfahrung wird, wie sich ein schmerzhaftes, beklagenswertes Leid hin zu Befreiung und Heilung orientieren kann. Ich glaube – und meine, selbst erfahren zu haben –, dass zweierlei hilft:

»Gott ist die Liebe; und wer in der Liebe bleibt, der bleibt in Gott und Gott in ihm.« erklärt der erste Johannesbrief (1. Brief des Johannes, 4. Kapitel, 16. Vers). Ich kann es so verstehen, dass ich mich herausgefordert fühle, liebevoll zu handeln, in Wort und Tat auf der Höhe der Liebe zu bleiben, dem Ideal der göttlichen Liebe gerecht zu werden – oder mich wenigstens zu bemühen, es zu sein.

Abgesehen davon, dass dieses Vorhaben Menschen wohl immer überfordern wird und das Ideal der vollkommenen Liebe in dem siebten Himmel verbleibt, wo die Geigen lieblich spielen (aber ich höre sie nur und kann sie nicht selber streichen) – ich denke, es ist viel einfacher, viel wesentlicher gemeint. »In der Liebe bleiben« mag vielmehr bedeuten: sich der Liebe überlassen. Mich Gott überlassen – seine Liebe geschehen lassen, die so nah ist wie irgendetwas, die so gegenwärtig ist wie nichts sonst. Mich überlassen – das kann ich nur, wenn ich allertiefstes Vertrauen hege; doch sollte ich nicht einem glauben, der nicht ausrechnet, *was es kostet*, der nicht fragt, *ob es gut ist?* Ich habe es versuchsweise immer wieder getan.

Mich Gottes Liebe zu überlassen macht mich sensibel für das Kleine, Unscheinbare, in dem die Liebe Gestalt gewinnt. »Jetzt heilt es leise unter uns«, meint Rainer Maria Rilke einmal in einem Gedicht vom Wort, von der Stimme Gottes, die Räume füllt, aber deren Schall nicht groß und mächtig daherkommt. Er durchdringt »leise« Welt und Nichts und lindert die Wunden. Gott ist nicht laut, seine Liebe gellt nicht in unseren Ohren, er verändert nicht mit Gebrüll, mit Fanfarenklang und Paukenschlag. Nein, er legt den Finger an die Lippen und flüstert ein heilsames Wort, er streckt die

Hand aus und berührt mich sanft. Kennen Sie das »Theaterflüstern«? Faszinierend: Die Schauspielerin, weil ihre Rolle es vorsieht, hat zu wispern, mit verhaltener Stimme ihren Satz zu sagen, es hört sich an, als flüstere sie nur – aber sie ist doch im ganzen Theaterraum zu verstehen, sie dringt bis zur letzten Reihe im Parkett und bis zum 2. Rang durch. Ein solcher Flüsterer ist Gott. Leise sein Wort, still seine Liebe, aber sie verändern alles.

Daraus wird deutlich, dass die Liebe, die Gott übt, kein Gefühl ist, keine emotionale Zuneigung, sie ist eine Haltung, für die er sich entschieden hat.

Das muss ich schon sagen: Ich gebe Gott nicht sehr viel Anlass, mich zu lieben.

Auch meiner Familie, meinen Freund/innen gebe ich nicht viel Anlass. Ich bin monatelang ausgefallen, habe auf Briefe, Grüße, Ratschläge ganz ungenügend geantwortet, war manchmal unwirsch und abweisend. Wenn ich es je war: Ein attraktiver Mann bin ich nicht mehr, sondern ein verwundeter, der bisweilen Mühe hat, sich zu bewegen, der Narben trägt – und der trotzdem geküsst wird, angelächelt und zärtlich berührt. Im Amt (auf der Arbeit) bin ich nicht mehr so verlässlich, wie ich es war; ich kann mich nicht lange konzentrieren; Krankheitstage belasten andere, ich bin schneller erschöpft, muss immer einmal wieder »Nein!«

sagen, was nicht unbedingt zu meinem Wortschatz gehörte. Dennoch werde ich geachtet. Das ist nicht selbstverständlich – und ich vergelte diese Aufmerksamkeit nicht immer, wie es angemessen wäre.

Ich weiß aber: Die, die mir zuneigt sind, die mich lieben, haben sich entschieden, mich so zu nehmen und zu achten, wie ich jetzt gerade bin. Mit Begrenzungen und Schwächen, mit aller Weite und allen Möglichkeiten. Das fordert Geduld, Toleranz, die Fähigkeit, zu vergeben, die Lust, neu zu beginnen, wenn es nötig ist. Eine solch entschiedene Liebe kommt nicht aus dem gelegentlichen Gefühlsüberschwang oder der romantischen Stimmung, die die Liebe auch kennt, nicht aus grundsätzlicher Sanftmut oder allgemeiner Menschenliebe – entschiedene Liebe ist eine Haltung, die sich erschüttern lässt, aber nicht aufgibt, die gekränkt werden kann und die doch bei der Sache und bei dem Menschen bleibt, für die sie sich verantwortlich weiß. Bei Gott ist das nicht anders: Der verliebte Gott ist der für seine Menschen entschiedene. In seiner Liebe, dieser festen Haltung, hält er zu uns – unverbrüchlich –, wenn wir unsere Wege gehen.

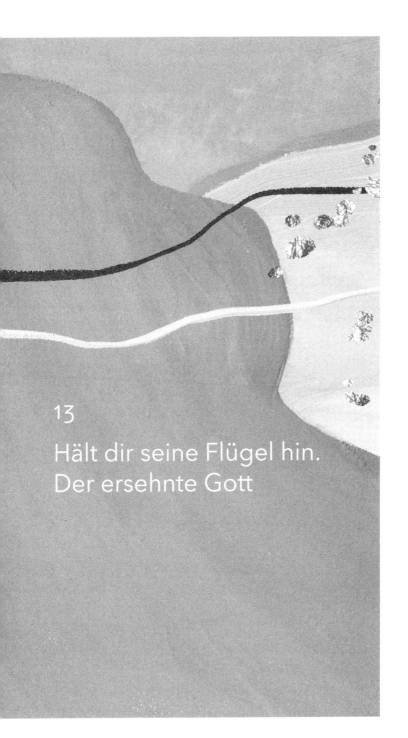

13

Hält dir seine Flügel hin.
Der ersehnte Gott

Du bist so groß, dass ich schon nicht mehr bin,
wenn ich mich nur in deine Nähe stelle.
Du bist so dunkel; meine kleine Helle
an deinem Saum hat keinen Sinn.
Dein Wille geht wie eine Welle
und jeder Tag ertrinkt darin.

Nur meine Sehnsucht ragt dir bis ans Kinn
und steht vor dir wie aller Engel größter:
ein fremder, bleicher und noch unerlöster,
und hält dir seine Flügel hin.

(Rainer Maria Rilke)

Sehnsucht – so selten das Wort »sehnen« in der (Luther-)Bibel vorkommt (nur siebzehn Mal), so sehr beschreibt es ein fundamentales Gefühl: »Ich selbst werde ihn sehen, meine Augen werden ihn schauen … Danach sehnt sich mein Herz in meiner Brust«, seufzt, nicht ohne Zuversicht, Hiob. »Ich will Hilfe schaffen dem, der sich danach sehnt«, verspricht Gott selbst. »Meine Augen sehnen sich nach deinem Wort und sagen: Wann tröstest du mich?«, will der Beter, die Beterin des 119. Psalms wissen. Und der Gottesfreund Paulus weitet die Sehnsucht weit über das Menschliche und die Menschen hinaus: »Denn wir wissen / das alle Creatur sehnet sich mit uns / und engstet sich noch imer dar.« (So in Luthers Übersetzung von 1545.)

Als ich schwächer werdend zwischen Schläuchen lag, in der Chemotherapie oder nach dem Erwachen aus dem Koma, buchstäblich ans Bett gefesselt und nicht selbstständig zu Bewegungen fähig – wonach habe ich mich gesehnt? Nach dem Ende der Schmerzen, nach dem aufrechten Gang, nach dem Kuss meiner Frau, nach den Stimmen meiner Söhne, nach Kontakt zu den Freund/innen, nach Jogginghose und T-Shirt (statt Flügelhemden), nach einem morgendlichen Sonnenstrahl, nach dem Geruch von Regen auf dem sommerlich warmen Asphalt, nach Büchern, die ich in Händen halten könnte, die nicht zu schwer sind, nach einem selbst geschrieben Gedicht.

Andere sehnen sich zurück nach den zärtlichen Berührungen des Mannes, der vor einem halben Jahr gestorben ist, nach dem Mund, der Geschichten erzählen konnte, die nun keiner mehr kennt. Nach einer Nacht ohne Detonationen und Erschütterungen sehnt sich die alte Frau in Saporischschja, nach dem Vater zweier Kinder, der in irgendeinem Schützengraben liegt, sehnt sich die nach Deutschland geflohene Mutter und Frau. Nach einem sanften, schmerzfreien Tod sehnt sich ein Sterbender, und die allein gelassene Bewohnerin im Heim sehnt sich danach, ihre Tochter noch einmal zu sehen, bevor sie sich selbst vergisst, ihre Tochter, von der sie seit Jahren nichts mehr gehört hat. Nach einem Landregen sehnt sich das verdorrte Feld, nach einem echten Winter der Gletscher, nach einem Wassertümpel das verdurstende Rind im Osten Afrikas.

Sehnsucht ist ein eigentümliches Gefühl: Sie lässt mich schmerzlich spüren, was mir fehlt – aber indem ich fühle, ist das, woran es mir mangelt, höchst präsent. Es ist widersprüchlich, paradox: Was ich ersehne, das ist gleichsam abwesend vorhanden. Darum kann Sehnsucht einen Menschen zerreißen – oder ihm eine ungeahnt starke Lebenskraft zuspielen.

Um das gesagt zu haben: Seinem Ursprung im Mittelhochdeutschen nach gibt das Wort Sehnsucht tatsächlich einem Krankheitszustand seinen Namen: der »Krankheit des schmerzlichen Verlangens«, der »Liebeskrankheit« – so schreiben es die Gebrüder Grimm in ihrem Deutschen Wörterbuch. In der literarischen Epoche der Romantik wird der Begriff dann aber ins Positive gewendet, wenn etwa im Gedicht »Sehnsucht« von Joseph von Eichendorff (1788-1857) gesungen wird: »Es schienen so golden die Sterne, / Am Fenster ich einsam stand / Und hörte aus weiter Ferne / Ein Posthorn im stillen Land. / Das Herz mir im Leibe entbrennte, / Da hab' ich mir heimlich gedacht: / Ach wer da mitreisen könnte / In der prächtigen Sommernacht!« Nun hat Sehnsucht etwas von Heim- und Fernweh, vom Brennen des Herzens, das sich woanders hin wünscht, in das »stille Land«, in dem keine Unruhe herrscht, von einem »heimlichen« Gefühl und einem geseufzten »Ach«! Der da seufzt und sich fortsehnt, steht einsam da und kann nur lauschen, Ausschau halten. Von Krankheit ist nichts mehr zu hören, von Verlangen schon.

Tatsächlich ist »Sehnsucht« ein gleichermaßen schillerndes Wort wie Gefühl. Es entzieht sich eindeutiger Bestimmungen. Ob ich die Sehnsucht nun psychologisch, philosophisch, theologisch oder medizinisch, religiös oder poetisch zu fassen versuche, sie verweigert sich meinem Zugriff. Doch gerade weil die Sehnsucht kein klar abzugrenzendes, eindeutig definierbares Phänomen ist, scheint sie mir eine entscheidende Haltung zu sein. Um von ihr eine Vorstellung zu gewinnen, bleibe ich beim Wort-Spiel:

Sehn-Sucht. Gewiss kann Sehnsucht krank machen; lange ist das Sehnen auch pathologisch verstanden worden. Sie kann zur Sucht werden; das Wort »Sucht« kommt ganz ursprünglich von »siech«, das wir von »Siechtum« oder »dahinsiechen« kennen (engl.: sick) – und das sind keine erfreulichen Assoziationen: Wer sich der Sehnsucht allzu sehr hingibt, wer sich in Sehnsucht verliert und kein anderes Sein mehr kennt als das eines Sehnenden, der sich allein am Gegenstand seiner Sucht orientiert, der fällt aus der Welt und wird krank.

In aller Sehnsucht geht es also darum, sich selbst zu bewahren darin. Rilkes Engelsgedicht *Nur meine Sehnsucht ragt dir bis ans Kinn* spricht davon. Empfindet sich der Sehnende Gott gegenüber zuerst als verschwindend klein (*dass ich schon nicht mehr bin, / wenn ich mich nur in deine Nähe stelle*), so ist es doch die Sehnsucht selbst, die ihn groß macht, die ihm den Status eines Engels, ja *aller Engel größter* gibt, der vor Gott im himmlischen Hofstaat steht und von ihm Berührung, Anerkennung, Achtung erwartet: *und hält dir seine Flügel hin.* Rilke spricht von einer Sehnsucht (fast) auf Augenhöhe, die – mag sein: bescheiden, aber selbstbewusst doch – den Anspruch auf Gottes Nähe erhebt. Trotz aller Größenunterschiede: Dieser Engel ist kein zerknirschter demütiger Diener vor dem himmlischen Herrn, er weiß, was er braucht und will; und empfindet sich als unerlöst, solange er es nicht erhält.

Auch wenn es von der Geschichte des Wortes her nicht unbedingt nahe liegt: Ich höre im Wort Sehn-Sucht auch die Suche. Eine Suche ist alles andere als passiv. Wer sucht, will finden; der und die macht sich auf, nach dem zu fahnden, was verloren gegangen ist oder wessen es mangelt. Wer sucht, ist als Person, als er oder sie selbst in seiner Suche gegenwärtig und bei sich selbst; wer sucht, ist das Subjekt seines Tuns, die Autorin ihrer Geschichten, der Fragesteller, der nach Antworten sucht, die für ihn stimmen. Wer sucht, hat gute Aussichten, zumindest verspricht Jesus welche: »Sucht, so werdet ihr finden!« (Evangelium des Matthäus, im 7. Kapitel der 7. Vers). Für mich ist es in der Zeit meines Leidens immer bedeutsam gewesen, dass ich nicht frag- und wunschlos ertragen muss, was mir auferlegt ist, dass ich nicht demütig annehmen muss, was mir Schmerzen bereitet – sondern, dass ich mich sehnen kann. Dass ich sehnend bei mir selbst bleiben kann und bei meinen Wünschen, Hoffnungen und Ansprüchen. So habe ich den Weg, den ich gehen musste, immer als meinen eigenen Weg erlebt. Und das war keine fromme Entscheidung, keine spirituelle Setzung, das wurde zu meiner konkreten Erfahrung.

Mit der Sehnsucht verbunden sind Worte wie: Hoffnung, Erwartung, Heim- oder Fernweh, Verlangen und Begehren. Die tiefenscharfe Unterscheidung ist kaum möglich, diese Begriffe spielen ineinander und die jeweilige

Situation, in der ich mich befinde, macht aus, ob meine Sehnsucht eine drängende ist (Verlangen) oder eine abwartende (Hoffnung). Wie ich Sehnsucht verstehe, hat sie etwas Aktivierendes. Sehnsucht stellt mich auf den Weg und lädt ein: »Versuch ein paar Schritte. Trau dich!« Meine Hoffnung, meine Erwartung, mein Fernweh empfinde ich als passiv – da soll mir zukommen, was mir guttut. Der Sehnsucht aber eignet Energie, sie treibt mich an, sie lässt mich nicht zufrieden sein mit dem, was gerade ist und gilt, sie fordert mich auf: »Heb den Blick, schau dich um, entdecke das andere und Neue!« Meine Sehnsucht spielt mir Kraft zu, sie ist gleichsam der Motor meines Glaubens, indem sie mich mit Gott in Beziehung setzt, und sie hat den Zweifel zum Freund, weil der mich nicht mit der Frage in Ruhe lässt, ob das Gegebene denn schon das Mögliche sei. Und diese Frage ist nicht abstrakt, sie ist ins Konkrete hineingestellt, in meine Geschichte, meine reale Welt, meine Erfahrungen hinein.

Der evangelische Theologe Gabriel Marcel Martin schreibt in seinem Büchlein über die Sehnsucht sehr treffend: »Theologien und Philosophien der Sehnsucht … erstarren und bleiben anschlusslos, wenn sie den Rückbezug zu Erfahrungen verlieren, wenn sie nicht »lebensweltlich belastbar« sind.« Sehnsucht muss mit konkretem Schmerz zu tun haben, Sehnsucht muss hilfreich sein.

In meiner Sehnsucht ist Gott mir präsent geblieben – im besten Sinne: im Gedächtnis. Nach einer unabwendbaren Operation in der Neurochirurgie konnte ich mehrere Nächte nicht schlafen, weil mein Zimmergenosse unglaublich unruhig war, vor sich hin sprach oder schnarchte, und vor Schmerzen, die mich bei jedem Atemzug quälten. Ich konnte nicht im Krankenbett liegen, saß in einem medizinischen Sessel – oder besser: turnte darin herum, um die Körperhaltung zu finden, die die Schmerzen erträglich halten würde (die ich aber nicht fand) – und die Ärzt/innen waren ratlos, was gegen die Schmerzen zu tun sei (etwas palliativmedizinische Fortbildung hätte nicht geschadet ...). Eine Lebenssituation, wie ich sie noch nie erlebt hatte: krasser, reiner Schmerz, kalte Verzweiflung. Zu theologischen Erörterungen und frommen Spitzfindigkeiten war ich nicht mehr fähig. Nur weinen konnte ich noch und geschrien habe ich auch ab und zu, wie mir ein Pfleger berichtete, erinnern kann ich mich nicht mehr. Vielleicht waren das in meinen Zeiten der Krankheiten die schlimmsten Tage. Und doch – es fällt mir fast schwer, das zu sagen – hat mich meine Sehnsucht nicht verlassen. Sie war mir unverfügbar, ich weiß nicht, woher sie die Kraft nahm, in mir aufzutauchen und sich ein Plätzchen zu suchen neben der Wut und der Ratlosigkeit, aber sie hat diesen Platz behauptet. Darum konnte ich mich wehren gegen den Gedanken, dass so nun der Rest meines Lebens aussehen müsste oder dass der Rest meines Lebens nun eben gerade stattfände und ich mich schmerzvoll würde verabschieden müssen. Nein, so sollte es nicht aussehen, das Finale! Nein, ich wollte wieder ohne Weh sein und sitzen oder liegen können. Ich wollte wieder atmen können ohne Enge und Angst. Und ich wollte – nicht gleich, das hätte mich zudem noch überfordert, aber irgendwann einmal – verstehen, wie sich mein Glaube an Gott, der mich prägt und der meinen Beruf bestimmt, zu alle dem verhält; ob Gott irgendwie präsent ist oder ob ich ihn nun abschreiben kann. Wozu ich bereit gewesen wäre. Aber nicht gerne.

Meinem Verständnis nach ist Sehnsucht übrigens nicht nur ein Gefühl, keine Emotion, die kommt und geht. Sie ist – wie ich es zuvor von der Liebe gesagt habe – eine Haltung. Das heißt: Ich kann mich entscheiden, mich nach Gott, nach Sinn, nach einem Ende der Schmerzen zu sehnen; und habe ich mich entschieden, kann ich diese Haltung üben, im besten Sinne durch-halten, kann ich sie, wenn mir die Sehnsucht einmal ausgeht, wieder einholen, neu beginnen damit, meine Entscheidung bestätigen. In diesem Entscheiden liegt meine ureigene Aktivität, liegt der Wille zu Gott und zu mir selbst. Sehnsucht ist eine ausgesprochen selbst-bewusste Haltung, in der ich mich als Subjekt meiner Beziehung zu Gott gelten lasse.

Bitte erlauben Sie mir noch einen Versuch: Was wäre, wenn es auch umgekehrt gälte? Wenn Gott Sehnsucht hätte nach mir, nach uns, nach den Menschen und der Schöpfung, die er ins Leben rief? Vielleicht mochte er im Tohuwabohu nicht ohne Gegenüber sein, brauchte für seine überbordende Liebe ein Gegenüber; vielleicht gilt für Gott gerade so, was er vom Menschen sagt: »Es ist nicht gut, dass der Mensch allein sei!« (1. Buch Mose, 2. Kapitel, der 18. Vers).

Wäre da doch jemand, der mich hört! Und gemeint sind Sie und ich. Gott sehnt sich – und ab und an sind wir es, die seinen Wunsch nach Nähe verschmähen, die sich abwenden und seiner nicht achten, die ihn verletzen, weil wir sein Werben ins Leere gehen lassen. »Ich habe dich je und je geliebt!« lässt Gott durch den Propheten Jeremia wissen – was für ein Liebesbekenntnis. Und welche Verletzung wird spürbar, wenn Gott klagt: »Du hast mich verlassen!«.

Meine Sehnsucht ist tatsächlich nicht immer gleich beständig, sie ist mal stark, lustvoll, passioniert oder schmerzlich, mal aber still, zurückhaltend und genügsam. Gut zu wissen, dass Gottes Sehnsucht kein Ende hat und jederzeit gegenwärtig ist, immer heute, immer jetzt. Der 146. Psalm singt davon, indem er den glücklich preist, der »seine Hoffnung setzt auf … Gott, der Himmel und Erde gemacht hat … der Treue hält ewiglich.« »Ewigkeit« ist ein Zauberwort: Es bezeichnet nicht nur die ziellose, unabgeschlossene Ausdehnung der Zeit. Ewigkeit ist Gottes Zeit, und die ragt in unsere Stunden und Tage, in unsere Geschichten hinein.

Weil ich das für wahr und erfahrbar halte, liegt für mich in einer alten Liedstrophe von Ludwig Heimbold (1532-1698) eine berührende und kraftvolle Ermutigung: »Von Gott will ich nicht lassen, / denn er lässt nicht von mir«.

14

Getanzt muss sein.
Glaube und Zweifel

Sagt Ja Sagt Nein
Getanzt Muess Sein

(Füssener Totentanz)

Jetzt komme ich zum Ende – und mache es mir leicht. Ende und leicht? Das will nicht unbedingt zusammengehen. Ernst, sehr ernst klingt es vom Füssener Totentanz herüber, und von all den Totentänzen, die, angeregt durch die französischen Darstellungen des »Danse macabre« in der Abtei La Chaise-Dieu (Haute-Loire), seit dem 15. Jahrhundert entstanden sind. Bekannte Fresken oder Gemälde sind der Basler Totentanz, der Pariser oder Lübecker. Diese Tradition hat bis in die Moderne bei Otto Dix, Lovis Corinth oder HAP Grieshaber nachgewirkt, ist in der Musik und der Dichtung aufgegriffen worden. Mit allem Ernst: Niemand, kein Fürst, kein Bischof, keine Bürgerin, die Jungfer nicht und nicht die Bäuerin können sich dem Reigen des Todes entziehen; des Todes, der im Gewand des Skelettes aufspielt, auf der Fiedel, der Pauke, der Pfeife. Memento mori! Gedenkt eurer Sterblichkeit – und dass vor dem Sensenmann alle gleich sind. Eine frustrierende Botschaft!

Aber nicht nur, glaube ich. Und höre genauer hin. Muss es denn immer ein bedrängender Trauermarsch sein oder eine wilde Kakophonie, wenn der Tod aufspielt? Das wird es sein, wenn der Abschied schwerfällt, wenn das Sterben ein mühsames ist, wenn in Bombennächten Glieder zerfetzt und Familien zerrissen werden. Aber sind die schwermütigen, die hässlichen Melodien und Rhythmen schon alle Kompositionen, die der Tod im Repertoire hat? Muss der Todesreigen immer tieftraurig und in Moll gespielt werden?

Ich denke nicht. Wie es – so habe ich es oben behauptet – mitten im Leid auch immer Glück und Güte und Gottesgegenwart gibt, so gibt es auch im Tod: Lebendiges.

In der Begleitung Sterbender, zuhause oder im Hospiz, habe ich gesehen, wie gnädig der Tod sein kann, wenn er Schmerzen beendet und der Angst ein Ende setzt. Bei manchem Abschied lag ein unergründlicher Frieden im Raum, und in den Augen der Liebenden und Freund/innen, die auf dem Weg begleiteten, lag neben der Trauer eine große Dankbarkeit. Die Momente des Sterbens gehören zu den Augenblicken umfassendster Lebendigkeit, die ich kenne. Bei mancher Trauerfeier auf dem Friedhof, in der Trauerhalle – und ich habe viele, viele Menschen bestatten helfen – konnten Menschen herzhaft lachen, weil sie sich der Marotten ihres Sohnes oder Bruders erinnerten, haben viele vor Glück geweint, weil das Lied ihrer Mutter gespielt wurde (»Non, rien de rien, non, je ne regrette rien ...«), waren Freundinnen glücklich, weil sie für Karins Grab genau die Rosensorte gefunden hatten, die sie so liebte. Eltern haben den Sarg ihres Kindes mit starken Farben bunt bemalt, und als ein Obdachloser zu bestatten war, fanden sich fremde Menschen ein, die ihn nicht gekannt hatten, aber sie wollten ihm die Ehre geben. Manchmal gab es ein Wort, das traf und tröstete, ein Gedanke, ein Gedicht, das den Horizont wieder auftat. Und als Horst ging, der Lebenslustige, der Liebhaber von Musik und Theater, kleideten sich alle in hellen Farben.

Der Totentanz muss nicht zwangsläufig ein trauriger sein. Hören Sie einmal auf die Musik der Jazz Funerals in New Orleans (und sehen Sie in die Gesichter der Angehörigen und Musiker/innen: Sie lachen, manche tanzen und feiern den, von dem sie Abschied nehmen, und die Hoffnung, dass sie ihn wiedertreffen, »when the saints go marching in«). Beim »Día de Muertos« in Mexiko wird ausdrücklich das Leben gefeiert: Die Verstorbenen, die nicht einfach tot und verloschen sind, kommen zu Besuch; es wird köstlich gegessen, Farben, Lachen und der Respekt vor den Weitergezogenen bestimmen den Tag. Der Totentanz kann ein fröhlicher sein, aus dem Sensenmann kann Freund Hein werden, der es gut meint, der zum lustigen Reigen aufspielt.

Wie mag es mir gelingen, da einzustimmen, mich einzuschwingen? Mir gelingt es nur, wenn ich mich einlasse – einlasse auf dieses Zwiegespräch zwischen Glaube und Zweifel, auf den Dialog zwischen gewagten Antwortversuchen und sehr ernsthaften Fragen.

Meinen Weg durch Zeiten des Leides gehe ich nicht kraft eines starken Glaubens, kraft einer unerschütterlichen Hoffnung, kraft einer fraglosen Überzeugung – sondern wenn und indem Glaube und Zweifel zusammenspielen, sich aneinander reiben und einander ergänzen: Glaube versucht Antworten, Zweifel stellt die richtigen Fragen. Glaube ermutigt, Zweifel klärt. Glaube trägt und Zweifel lässt mich zu mir selber stehen – macht den Glauben zu meinem Glauben, mit dem ich meine (!) ganz eigenen Erfahrungen mache. Glaube deutet mir an, auf wen ich mich verlassen kann, Zweifel gibt dem, auf den ich mich verlasse, ein menschliches Gesicht – ein überraschend menschliches oft genug. Glaube macht Gott groß, weit, tief, kraftvoll, Zweifel holt ihn nahe herbei und macht ihn gegenwärtig. Glaube und Zweifel brauchen einander, ich brauche sie, damit meine Gottesfreundschaft eine persönliche, wahrhaftige und lebendige sei.

Glaube und Zweifel gehören zusammen wie zwei Partner, wie zwei Liebende, die nicht voneinander lassen können, in deren Innigkeit der eine ohne den anderen nicht sein kann. Sie tanzen miteinander, doch es ist nicht ausgemacht, wer von beiden führt – sie wechseln sich ständig und überraschend ab.

Getanzt muss sein – oder besser doch: Getanzt darf sein. Mein Weg durch Zeiten des Leids ist ein getanzter. Doch bin ich nicht Teil einer lustigen Polonaise; es ist kein einfach bloß fröhlicher Reigen, kein ekstatischer Club-Move oder erstaunlich leichtfüßiger Breakdance. Auch kein vielsagender Ausdruckstanz oder das ruhig-meditative Schreiten. Am ehesten vielleicht ein Tanztheater, das leicht aussieht und sehr viel Kraft kostet, das mir etwas mitteilen will, aber ich verstehe nicht alles – und doch erschließt sich mir eine

Welt. Wenn ich neugierig bleibe. Eben das bin ich – und schwinge mein Tanzbein, manchmal verhalten, manchmal leidenschaftlich, zwischen Glaube und Zweifel. Her und hin, hin und her. »Rundherum – das ist nicht schwer …«

Anmerkungen

In den erzählenden Teilen des Buches wurden die Eigennamen der Protagonist/innen grundsätzlich geändert.

Kapitel 1

S. 10: *Rede des ev. Pfarrers*
Michael Krüger, Rede des ev. Pfarrers, in: ders.: Wettervorhersage, Residenz Verlag, Salzburg und Wien 1998, © beim Autor.

S. 12: *göttliche Krücke*
Auf die »Frage, ob es einen Gott gibt«, antwortet Bert Brechts Herr K.: »Ich rate dir, nachzudenken, ob dein Verhalten je nach der Antwort auf diese Frage sich ändern würde.« Und, würde es sich ändern, so müsste Herr K. feststellen: »Du hast dich schon entschieden: Du brauchst einen Gott.«
Textauszug aus: Bertolt Brecht, Geschichten vom Herrn Keuner, in: ders., Werke. Große kommentierte Berliner und Frankfurter Ausgabe, Band 18: Prosa 3: Sammlungen und Dialoge. © Bertolt-Brecht-Erben / Suhrkamp Verlag 1995.

S. 14: *Gottesverächter/innen*
Friedrich Daniel Ernst Schleiermacher, Über die Religion.
Reden an die Gebildeten unter ihren Verächtern (1799), in:
Kritische Gesamtausgabe, I. Abt. Bd. 2: Schriften aus der
Berliner Zeit 1769-1799, hg. v. Günter Meckenstock, Verlag
Walter de Gruyter, Berlin/New York 1984, S. 185-326.

S. 17: *Gottesbild-Kritik*
2. Mose 20, 4; Psalm 27,8

S. 19: *offenes Kunstwerk*
Umberto Eco, Das offene Kunstwerk, Suhrkamp Verlag,
Frankfurt a. M. 1977.

Kapitel 2

S. 24: *Einsicht*
Axel Kutsch, Einsicht, in: Der Himmel von Morgen. Ge-
dichte über Gott und die Welt, hg.v. Anton G. Leitner,
Reclam Verlag, Ditzingen 2018, S. 13, © beim Autor.

S. 25: *Bultmann*
Rudolf Bultmann, Welchen Sinn hat es, von Gott zu reden?
In: Glauben und Verstehen. Gesammelte Aufsätze von Rudolf Bultmann, Verlag J.C.B Mohr (Paul Siebeck), Tübingen
1943 (3. Auflage), S. 26-37. Zitat: S. 26.

Kapitel 3

S. 34: *Schweigen*
Shūsaku Endō, Schweigen. Roman, Septime Verlag, Wien 2015, S. 245+246.

S. 35: *Leidenspsalm Jesu*
Psalm 22,3.16

S. 41: *Eli, Eli, lama asabtani*
Markus 15,34; Matthäus 27,46

S. 42: *japanische Affen*
vgl. https://de.wikipedia.org/wiki/Drei_Affen

S. 43: *Draußen vor der Tür*
Wolfgang Borchert, Draußen vor der Tür. Ein Stück, das kein Theater spielen und kein Publikum sehen will, in: Wolfgang Borchert, Das Gesamtwerk, hg.v. Michael Töteberg, Rowohlt Taschenbuch Verlag, Reinbek 2017 (45. Auflage), S. 115-192, Zitate: S. 172+173

S. 44: *Hiob*
Hiob 1,13-19; Hiob 2,7-9

S. 45: *Freunde*
Hiob 2, 12+13

S. 47: *Dulder Hiob*
Zur Figur des Hiob in jüdischer, christlicher und islamischer Tradition und zu seiner Rezeption in Bildender Kunst, Literatur und Musik vgl.: Lexikon der biblischen Personen, hg. v. Martin Bocian, Alfred Kröner Verlag, Stuttgart 1989, S. 159-169.

Kapitel 4

S. 54: *Überzeugende Fragen*
Textauszug aus: Bertolt Brecht, Geschichten vom Herrn Keuner, in: ders., Werke. Große kommentierte Berliner und Frankfurter Ausgabe, Band 18: Prosa 3: Sammlungen und Dialoge. © Bertolt-Brecht-Erben / Suhrkamp Verlag, 1995.

S. 55: *Keins seiner Worte*
Rudolf Otto Wiemer, Das Wort, in: Rudolf Otto Wiemer, Ernstfall, Verlag J.F. Steinkopf, Stuttgart 1989; gefunden in: Literarische Auslese, hg. v. Wolfgang Erk, Radius Verlag, Stuttgart 1989, S. 83. © Quell-Verlag, Stuttgart.

S. 56: *Mein Kind*
Wolfgang Borchert, a.a.O., S. 173.

S. 56: *Grünewald*

Zum Isenheimer Altar siehe: Reiner Marquard, Mathias Grünewald und der Isenheimer Altar. Erläuterungen, Erwägungen, Deutungen, Calwer Verlag, Stuttgart 1996.

S. 56: *Gretchen*

Johann Wolfgang von Goethe, Faust. Der Tragödie erster Teil, Zwinger, Z. 3587-3589, Könemann Verlagsgesellschaft, Köln 1997, S 132.

S. 57: *Jesu Vollmacht*

Lukas 4,22

Kapitel 5

S. 68: *Von deinem Gott war die Rede*

Paul Celan, Die Niemandsrose. Sprachgitter. Gedichte, S. Fischer Taschenbuch Verlag, Frankfurt a.M. 1980, S. 16.

S. 78: *Gott, deine Gedanken*

Psalm 139,17

S. 78: *Wen soll ich rufen*

Aus: Rainer Maria Rilke, Nach jedem Sonnenuntergange, in: Rainer Maria Rilke, Die Gedichte, Insel Verlag, Frankfurt a.M. 1995 (7. Auflage), S. 255-256, Zitat S. 256.

S. 79: *Halsschlagader*

In: Der Koran. Übersetzung von Rudi Paret, Sure 50,16, Verlag W. Kohlhammer, Stuttgart/Berlin/Köln 1989 (5. Auflage), S. 366.

Kapitel 6

S. 82: *harfenzauber*

Kurt Marti, harfenzauber, © Kurt Marti Stiftung, Bern.

S. 85: *73. Psalm*

Psalm 73,3; Psalm 73,13; Psalm 73,12

S. 86: *spontan*

Artikel »spontan«, in: Das Herkunftswörterbuch. Etymologie der deutschen Sprache (Duden Band 7), hg. v. Dudenredaktion, Dudenverlag Berlin 2014, S. 802.

S. 88: *sehr gut*

1. Mose 1,31

S. 88: *Sintflut*

1. Mose 6,5+6: »Als der Herr aber sah, dass des Menschen Bosheit groß war auf Erden und alles Dichten und Trachten ihres Herzens nur böse war immerdar, da reute es ihn, dass er die Menschen gemacht hatte auf Erden, und es bekümmerte ihn in seinem Herzen.«

Kapitel 7

S.90: *Buber*
Martin Buber, Zwischen Zeit und Ewigkeit. Gog und Magog – eine chassidische Chronik, Verlag Lambert Schneider, Heidelberg 1978, S. 150+151.

S. 94: *Mein Auge ist dunkel geworden*
Hiob 17,7

S. 95: *Jabbok*
Die jüdische Dichterin Nelly Sachs, die in ihrer Lyrik versuchte, der Shoa, der Leidenserfahrung und Ermordung von Millionen Jüdinnen und Juden Worte zu verleihen, bezieht in ihrem Gedicht »Jakob« die Geschichte vom Kampf am Jabbok auf das Volk Israel:

O ISRAEL,
Erstling im Morgengrauenkampf
wo alle Geburt mit Blut
auf Dämmerung geschrieben steht,
O das spitze Messer des Hahnenschreis
Der Menschheit ins Herz gestochen,
o die Wunde zwischen Nacht und Tag,
die unser Wohnort ist!
…

In: Nelly Sachs, Fahrt ins Staublose. Gedichte, Suhrkamp Verlag, Frankfurt a. M. 1988, 90+91.

S. 98: *Wen soll ich rufen*
Rainer Maria Rilke, Die Gedichte, Insel Verlag, Frankfurt a. M. 1986 (7. Auflage), S. 256.

Kapitel 8

S. 100: *an gott*
Ernst Jandl, Werke, hrsg. von Klaus Siblewski © 2016 Luchterhand Literaturverlag, München, in der Penguin Random House Verlagsgruppe GmbH.

S. 101: *Ein Tag, der sagt dem andern*
Vgl. Evangelisches Gesangbuch, Lied Nr. 481, 5. Strophe.

S. 102: *Der Port naht mehr und mehr*
Andreas Gryphius, Abend, in: Geistliche Lyrik, hg. v. Jörg Löffler und Stefan Willer, Verlag Philipp Reclam jun., Stuttgart 2006, S. 91.

S. 103: *Gott des Weges*
Psalm 16,11; 2. Mose 14,13-31; 2. Mose 13,17-22; Psalm 23; Römer 11,33

S. 104: *verwegen*

Art. »verwegen«, in: Duden. Das Herkunftswörterbuch. Etymologie der deutschen Sprache, hg. v. Dudenredaktion, Dudenverlag, Berlin 2014 (5. Auflage), S. 899.

S. 104: *Leidensankündigungen*

Z.B. Markus 8,31-33

S. 105: *Was es ist*

Erich Fried, Was es ist, in: Erich Fried, Als ich mich nach dir verzehrte. Zweiundsiebzig Gedichte von der Liebe, Verlag Klaus Wagenbach, Berlin 1990, S.35.

Kapitel 9

S. 110: *O Haupt*

Paul Gerhardt, O Haupt voll Blut und Wunden, in: Ders., Dichtungen und Schriften, hg. v. Eberhard von Cranach-Sichart, Verlag Paul Müller, München 1957, 69+70.

S. 114: *Trinität*

Zur Lehre von der Trinität vgl. z.B.: Bengt Hägglund, Geschichte der Theologie. Ein Abriss, Chr. Kaiser Verlag, München 1983, S 60-67. Und: https://www.ekd.de/Dreieinigkeit-Basiswissen-Glauben-11167.htm.

S. 114: *Schema Jisrael*

5. Mose 6,4: *Schma jisrael, Adonai Eloheinu, Adonai Echad!* –
»Höre Israel, der Herr ist unser Gott, der Herr ist einer.«

S. 115: *als einer wirkt und handelt*

Vgl. Hebräer 13,8: »Jesus Christus gestern und heute und
derselbe auch in Ewigkeit.«

S. 116: *Elie Wiesel*

Der Tübinger Theologie Jürgen Moltmann, bei dem ich
diesen Bericht zum ersten Mal gefunden habe und dem ich
ihn verdanke, schreibt dazu: »Jede andere Antwort wäre
eine Blasphemie. Es wird auch keine andere christliche
Antwort auf die Frage dieser Qual geben. Hier von einem
leidensunfähigen Gott zu sprechen, würde Gott zum Dä-
mon machen. Hier von einem absoluten Gott zu sprechen,
würde Gott zum vernichtenden Nichts machen. Hier von
einem indifferenten Gott zu sprechen, würde Gott zur
Gleichgültigkeit verurteilen.« Siehe: Jürgen Moltmann,
Der gekreuzigte Gott. Das Kreuz Christi als Grund und
Kritik christlicher Theologie, Chr. Kaiser Verlag, München
1981 (4. Auflage), S. 262 (ebendort auch der Bericht von
Elie Wiesel).

Der Bericht findet sich auch bei: Paul Konrad Kurz, Gott
in der modernen Literatur, Kösel Verlag, München 1996,
S. 103+104.

Das Original in: Elie Wiesel, Die Nacht zu begraben, Ullstein Verlag, Frankfurt a.M./Berlin 1992, 92+93.

S. 117: *vom Leiden endlich alles wissen*
Christine Lavant, Kreuzzertretung. Gedichte – Prosa – Briefe, Reclam Verlag Leipzig, Leipzig 1995, S. 9.

S. 123: *Meister aus Deutschland*
In: Paul Celan, Mohn und Gedächtnis, Deutsche Verlags-Anstalt, Stuttgart 1952, gefunden in: Literarische Auslese, hg.v. Wolfgang Erk, Radius Verlag, Stuttgart 1989, S. 374.

Kapitel 10

S. 126: *Te Deum*
Paul Konrad Kurz, Te Deum, in: Höre Gott! Psalmen des Jahrhunderts, hg.v. Paul Konrad Kurz, Benzinger Verlag, Zürich und Düsseldorf 1997, S.249-253.

S. 128: *Geschichte der Gottesdichtung*
Vgl. zum Beispiel: Karl-Josef Kuschel, Im Spiegel der Dichter, Mensch, Gott und Jesus in der Literatur des 20. Jahrhunderts, Patmos Verlag, Düsseldorf 1997.

S. 128: *Jedes biblische Gottesbild*
Psalm 22,2; Psalm 77,14; Psalm 27,8; Psalm 28,1; Psalm 6,6; Psalm 103,1; Psalm 63,2; Psalm 104,33

S. 131: *Demut*
Art. Demut, in: Duden. Das Herkunftswörterbuch. Etymologie der deutschen Sprache, hg. v. Dudenredaktion, Dudenverlag, Berlin 2014 (5. Auflage), S. 214.

S. 132: *Hymnus*
Philipper 2,5-11

Kapitel 11

S. 136: *dem herrn unserem gott*
Kurt Marti, dem herrn unserem gott, in: Kurt Marti, Leichenreden, Hermann Luchterhand Verlag, Neuwied und Berlin 1969, S. 23.

S. 141: *Wenn ich ein Gott wär*
Bodo Wartke, Nicht in meinem Namen; Text: siehe https://www.songtexte.com/songtext/bodo-wartke/nicht-in-meinem-namen-g6b8956d2.html; Video siehe: https://www.youtube.com/watch?v=1hBVqgxA_Cg.

Kapitel 12

S. 144: *Ich will mit dem gehen*
»Ich will mit dem gehen, den ich liebe«, aus: Bertolt Brecht, Die Gedichte. © Bertolt-Brecht-Erben / Suhrkamp Verlag, 2000. Alle Rechte bei und vorbehalten durch Suhrkamp Verlag Berlin AG.

S. 147: *Zärtliches Gefühl*
Hermann van Veen, Ich hab ein zärtliches Gefühl, siehe: https://www.songtexte.com/songtext/herman-van-veen/ich-hab-ein-zartliches-gefuhl-5bc7cb08.html

S. 149: *Erkennen*
Vgl. 1. Mose 4, 1; 1. Mose 4,17; 1. Mose 4,25

S. 150: *Jetzt heilt es leise unter uns*
Rainer Maria Rilke, Gott, wie begreif ich deine Stunde, in: ders., Die Gedichte, Insel Verlag, Frankfurt a.M. 1986 (7. Auflage), S. 225+226.

S. 152: *wie ich jetzt gerade bin*
Über die Liebe als »Beziehungskultur« ist sehr viel zu lernen bei: Hans-Joachim Maaz, Die Liebesfalle. Spielregeln für eine neue Beziehungskultur, dtv Verlagsgesellschaft mbH&Co KG, München 2019 (9. Auflage).

Kapitel 13

S. 154: *Du bist so groß*
Rainer Maria Rilke, Die Gedichte, Insel Verlag, Frankfurt
a. M. 1986 (7. Auflage), S. 215.

S. 155: *fundamentales Gefühl*
Hiob 19,27; Psalm 12,6; Psalm 119,82, Römer 8,22

S. 156: *Ursprung*
Deutsches Wörterbuch von Jacob Grimm und Wilhelm
Grimm, digitalisierte Fassung im Wörterbuchnetz des
Trier Center for Digital Humanities, Version 01/23, <https://www.woerterbuchnetz.de/DWB>, Band 16, Spalten
157+158.

S. 157: *Es schienen so golden die Sterne*
In: Joseph von Eichendorff, Werke Bd. 1, Winkler Verlag,
München 1970 ff., S. 66-67.

S. 158: *Sehn-Sucht*
Zu den ganz unterschiedlichen Definitionen von »Sehnsucht« und zum weiten Wortfeld des Begriffes vgl. das
erhellende Buch: Gabriel Marcel Martin, Sehnsucht leben.
Erfahrungen und Konzepte, Kohlhammer Verlag, Stuttgart
2022.

S. 159: *Suche*
Ebenda, S. 9.

S. 163: *Liebesbekenntnis*
Jeremia 31,3, Jeremia 15,6

S. 164: *Von Gott will ich nicht lassen*
Vgl. Evangelisches Gesangbuch, Lied Nr. 365.

Kapitel 14

S. 166: *Totentanz*
Vgl. Thomas Riedmiller, Füssener Totentanz, hg. v. Stadt
Füssen, AZ Druck und Datentechnik, Kempten 2014; das
Motto des Totentanzes findet sich auf S. 3.

Penguin Random House Verlagsgruppe FSC® N001967

1. Auflage
Copyright © 2024 Gütersloher Verlagshaus, Gütersloh,
in der Penguin Random House Verlagsgruppe GmbH,
Neumarkter Str. 28, 81673 München

Umschlagmotiv: © jesse – Adobe Stock.com
Druck und Bindung: Friedrich Pustet GmbH & Co. KG, Regensburg
Printed in Germany
ISBN 978-3-579-07476-4
www.gtvh.de

Der Seele
etwas Gutes tun!

Thomas Weiß hat in diesem Buch inspirierende Sonntags-
gedanken, die um unsere tagtäglichen Erfahrungen
kreisen, zusammengestellt und lädt damit die Leser*innen
ein, sonn- und alltäglich einmal innezuhalten.
Seine Texte machen sich auf die Suche nach dem, was
zufrieden macht, was lohnenswert, sinnvoll und beglückend
ist, was die Lebenslust fördert und den Lebensmut stärkt,
was tröstet, aufrichtet und befreit. Es ist damit Proviant
und Nahrung für Seele und Geist.
Ein Buch zum Selbstlesen, zum Vorlesen und zum
Verschenken!

Ich tröste Dich,
ich bin bei Dir!

Im Leben jedes Menschen gibt es dunkle oder einsame
Momente, die bekümmern und belasten. Das können Krisen
und Streit, Stress und Überbelastung oder Krankheit und
Trauer sein.
Diese Alltagsdunkelheiten werfen das Leben aus der
gewohnten Bahn und verändern das Jetzt und Hier.
Dieses Buch hilft in all' diesen Momenten weiter. Es ist ein
Trostbuch für die verschiedensten Wechselfälle des Lebens,
das Menschen jedes Alters stärkt und ermutigt: Du darfst
Dich trösten lassen - Du bist nicht allein!
Es ist ein Buch voller wunderbarer Wortbilder und in den
buntesten Farben des Lebens.
Das zweite Buch von Kerstin Hau und Sonja Wimmer,
voller Leidenschaft, Sprachkraft und Poesie.

GÜTERSLOHER
VERLAGSHAUS

www.gtvh.de